令和版

岩手 秋田 「いい川」渓流

ヤマメ・イワナ釣り場

つり人社書籍編集部　編

つり人社

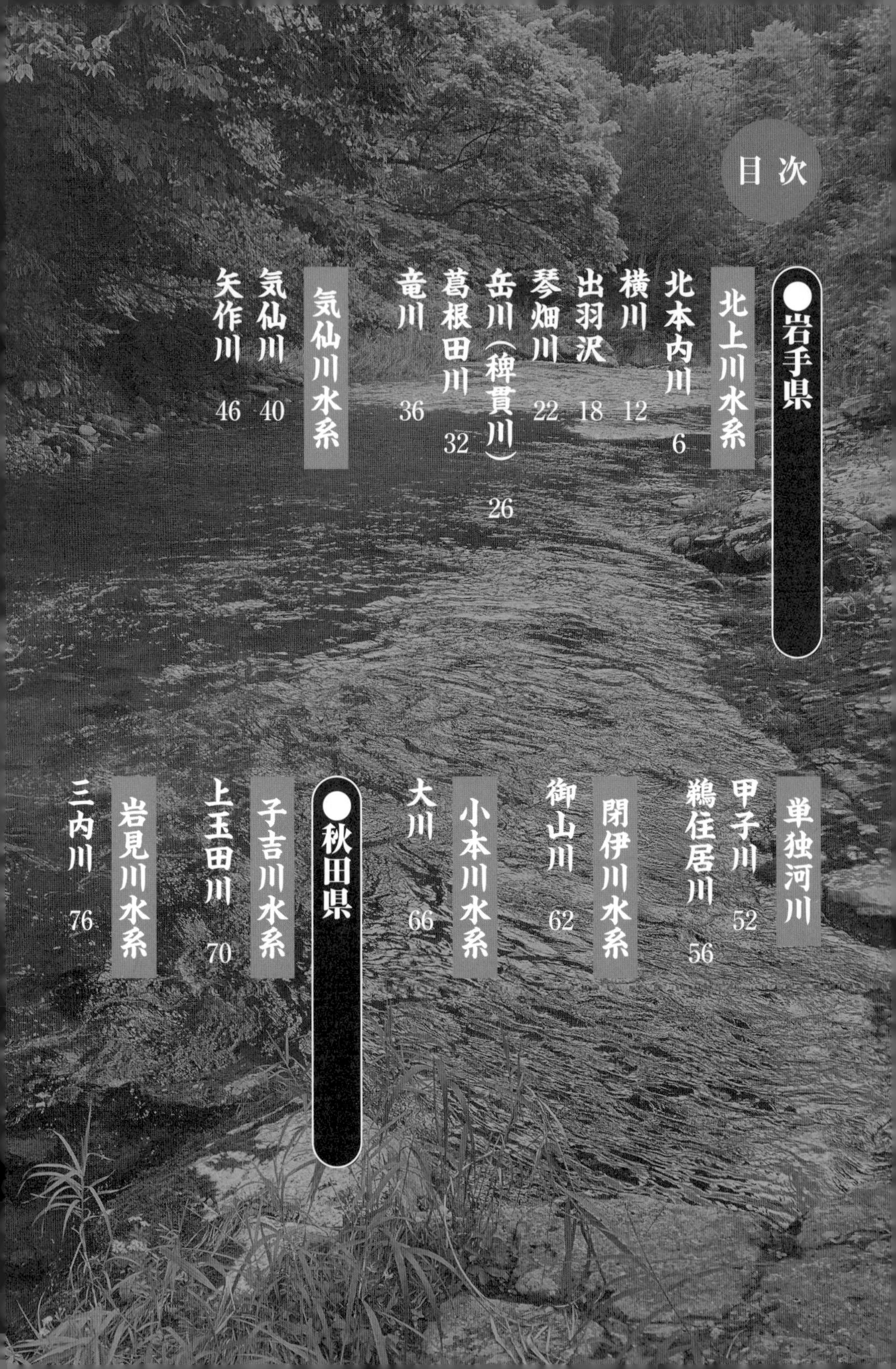

目次

令和版

岩手秋田「いい川」渓流

ヤマメ・イワナ釣り場

構成・時田眞吉

地図 堀口順一朗

BOOKデザイン 佐藤安弘（イグアナ・グラフィックデザイン）

はじめに―本書について

本書は釣り人による、釣り人のための渓流釣り場ガイドブックです。エサ、ルアー、テンカラ、フライとスタイルを問わず、渓流釣りと自然を愛する方々にご協力をいただき、一冊にまとめました。末永く渓流釣りを楽しめるように、ルールを守り節度のある釣りを心がけましょう。なお今回の「令和版」収載河川は、前作と同一のものも含めて新たに取材をしております。

【釣り場】 一般的な渓流、本流のほか、最終集落以遠の源流域も含みます。本文解説や写真から己の技量に適した河川を選び、安全な釣行を心がけてください。

【対象魚】 ヤマメ、アマゴ、イワナのほか、ニジマス等の記述もあります。

【情報】 本文、インフォメーション等の各情報は、基本的に2020年10月までのものです。現状を保証するものではなく、解禁期間、遊漁料、漁業協同組合、釣具店、遊漁券取扱所等の各情報は、その後変更されている可能性があります（解禁日が「第●土曜」等で設定されている場合、年によって日にちが変わります）。同様に、釣り場の状況も同じとは限りません。釣行の際は必ず事前に現地の最新情報をご確認ください。また、現地で本書に記載外の禁漁・禁止行為等を示す標識などがあった場合にはその指示を遵守してください。

【地図】 各河川にはアクセス図と釣り場河川図を掲載しました（縮尺は一定ではありません）。アクセス図の交通は、基本的に最寄りの高速道路ICを基点にしています。河川図は基本的に北を上に製作していますが、異なる場合もあります。アクセス図、河川図とも東西南北は方位記号をご参照ください。また、地図上に記された駐車スペースの多くは、本文内の記述と合わせて、あくまで1つの目安としてお考えください。

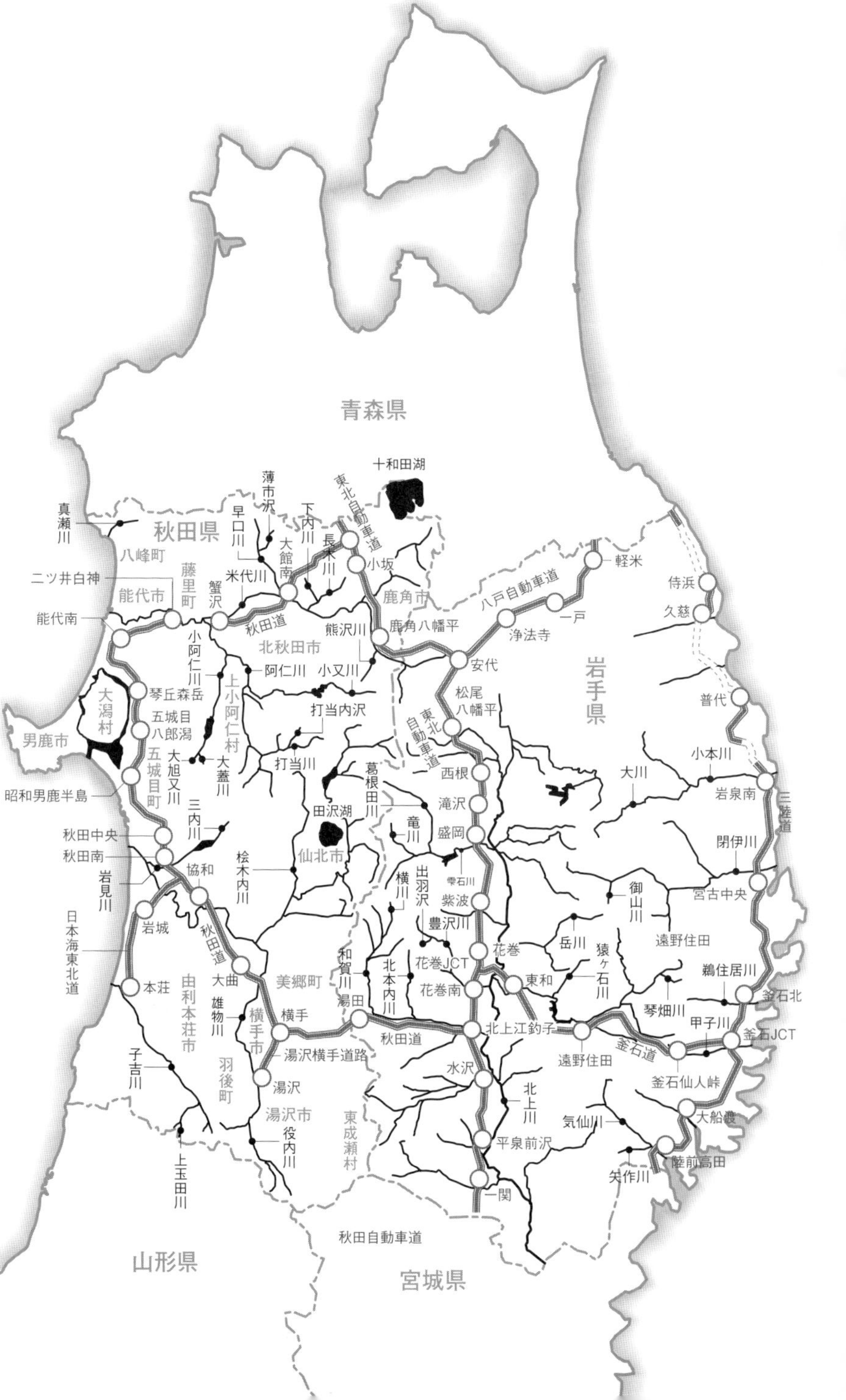
青森県
秋田県
岩手県
山形県
宮城県
十和田湖
東北自動車道
八戸自動車道
秋田自動車道
秋田道
釜石道
三陸道
日本海東北道
湯沢横手道路
真瀬川
八峰町
二ツ井白神
能代市
藤里町
能代南
蟹沢
米代川
大館南
早口川
薄市沢
下内川
長木川
小坂
鹿角市
鹿角八幡平
熊沢川
北秋田市
小阿仁川
上小阿仁村
阿仁川
小又川
打当内沢
打当川
大潟村
琴丘森岳
五城目八郎潟
五城目町
男鹿市
昭和男鹿半島
大旭又川
大蓋川
三内川
秋田中央
秋田南
岩見川
協和
桧木内川
田沢湖
仙北市
葛根田川
竜川
雫石川
岩城
本荘
由利本荘市
大曲
美郷町
雄物川
横手
横手市
湯田
和賀川
北本内川
秋田道
子吉川
羽後町
湯沢
湯沢市
役内川
東成瀬村
上玉田川
安代
松尾八幡平
西根
滝沢
盛岡
出羽沢
横川
紫波
豊沢川
花巻
花巻JCT
花巻南
東和
北上江釣子
水沢
北上川
平泉前沢
一関
軽米
一戸
浄法寺
侍浜
久慈
普代
小本川
大川
岩泉南
閉伊川
宮古中央
御山川
岳川
猿ヶ石川
遠野住田
鵜住居川
釜石北
琴畑川
甲子川
釜石JCT
遠野住田
釜石仙人峠
大船渡
気仙川
陸前高田
矢作川

北上川水系
和賀川支流

北《き》本《たほん》内《ない》川

晴れの日には心が洗われるほどの美しい渓
浅場に潜む大ヤマメに要注意

中流部の流れ

岩手県北上市を東西に貫く国道107号を和賀川沿いに秋田方面へと進むと、和賀仙人峠手前で北本内川への入口がある。小倉山を水源とし、錦秋湖下流の和賀川本流へと合流する流程23㎞ほどの和賀川の支流である。

婚姻色に染まる大ヤマメ。手にするにはポイントへのアプローチを慎重に行なうこと

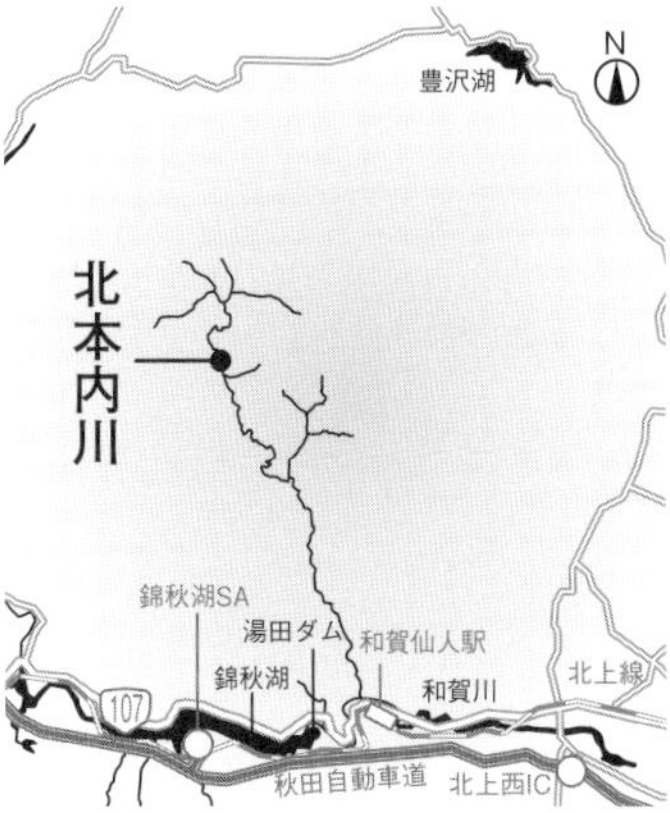

information

●河川名　北上川水系和賀川支流
　　　　北本内川
●釣り場位置　岩手県北上市
●主な対象魚　イワナ、ヤマメ
●解禁期間　3月1日～9月30日
●遊漁料　日釣券1000円・
　　　　年券5000円
●管轄漁協　和賀川淡水漁業協同組合
　　　　（Tel0197-64-7473）
●最寄の遊漁券取扱所
　　　　ファミリーマート
　　　　北上横川目店
　　　　（Tel0197-72-4818）
●交通　秋田自動車道・北上西ICより国道107号線を秋田方面へ10分ほど進み、和賀仙人駅手前を右折して林道へ入り北本内川の各釣り場へ

和賀川水系に「本内」と名の付く川は3本。和賀郡沢内の真昼岳より流れる本内川、和賀郡湯田の焼石岳より流れる南本内川、そしてこの北本内川である。「男性的な南本内川、女性的な北本内川」とよくたとえられるように、南本内川は上流の一部を除いて険しい渓相が続く。足場が悪く入渓点が限られ、安易に降りればすぐに岩盤と淵に阻まれてしまうことが多い。もし釣りに行くのなら上流に何本か沢があるのでそちらをお勧めしたい。

それに対して北本内川は、落差も少なく穏やかな流れの川である。和賀川との合流点から最上流まで民家の一軒もなく、手つかずの原生林を残す山の緑は美しく、そこから湧き出る流れは限りなく透明である。また、晴れた日の釣りは素晴らしく気持ちがいい。青空と白い雲のコントラスト、太陽に照らされた緑はいっそう生命力をみなぎらせる。運がよければヤマセミやアカショウビンの姿も見られる。

川のせせらぎとカジカガエルの歌声と、さえずる鳥の声は、日々のストレスを忘

5月の増水気味の流れ

下流部の流れ。落差も少なく穏やかな流れを見せる

れさせてくれることだろう。たとえ釣れなくとも、北本内川は心を豊かにすることが出来る川なのである。

●浅場の攻略が鍵を握る

北本内川の特徴として、ポイントの多彩さが挙げられる。さほど落差のある渓相ではないが、穏やかな流れの中にも背丈以上の大淵はあろう深みに、大型の魚影を見ることができる。しかし、深場のポイントのみに目を向けてばかりではこの川の魅力は半減してしまう。つい何気なく歩いてしまいそうな、くるぶしほどの深さの場所にも尺ものが居着くことも珍しくない川なのである。

そのためポイントへのアプローチは慎重に行なうべきである。浅場に居着く大ものは釣り人の接近に非常に敏感で、うかつに踏み出した一歩が手前の魚を走らせ、逃げる魚の連鎖により、大きなプールをつぶしてしまうこともある、特に渇水期などは、足音が地面を伝わり逃げてしまうこともあるので、より慎重にねらうべきである。魚との距離を取り、普段

時には 40㎝を超える大イワナに
出会えることもある

小又川もヤマメとイワナの混生で楽しめる渓だ

流れの緩い浅いポイントも丁寧にねらべきだ

見過ごしてしまうポイントでも注意深く観察し、浅い場所をいかに釣るかが北本内川を攻略する重要なキーとなるのである。

●**入渓を左右する林道について**

下流部は、林道入口の合流点付近から6㎞付近までは川と林道に高さがある。この区間は入渓可能な場所が限られ、退渓点も斜面に阻まれ林道に上がることが不可能な場所も多い。通ラズの大淵もあり高巻を余儀なくされる場所もあるので、決して無理をせず余裕をもって入渓すべきである。出来るなら川をよく知った釣り人に案内をお願いしたほうが安心であろう。

林道との落差が少なくなる辺りは、冬は積雪量が多く解禁間もない頃は入渓が困難で、非常に危険である。無理なく入渓できるようになるのはゴールデンウイーク前後であろう。

北本内林道は、ほぼ毎年積雪や台風による土砂崩れや、林道の崩壊が起きる場所である。2020年9月現在は、林道入口から2㎞地点で土砂崩れにより車は通り抜けることが出来なくなっている。林道復旧の調査が入ったが、工事の経費がどれだけ掛かるかによって予算が出るかどうかという現状である。よって、上流に入るならば徒歩、あるいは自転車か小さな二輪でということになるが、足場の悪い崖ぎりぎりを通ることからお勧めは出来ない。

支流の小又川沿いの林道へ沢内村から抜けるルートもあるのだが、やはり2020年の大雨で通行が出来なくなってしまっている。林道が開通した後のための情報として記しておくが、倒木、落石や崩れることの非常に多い林道である。駐車する場所は山側の斜面よりも、落石などの危険のない場所を選んで頂きたい。

（石田）

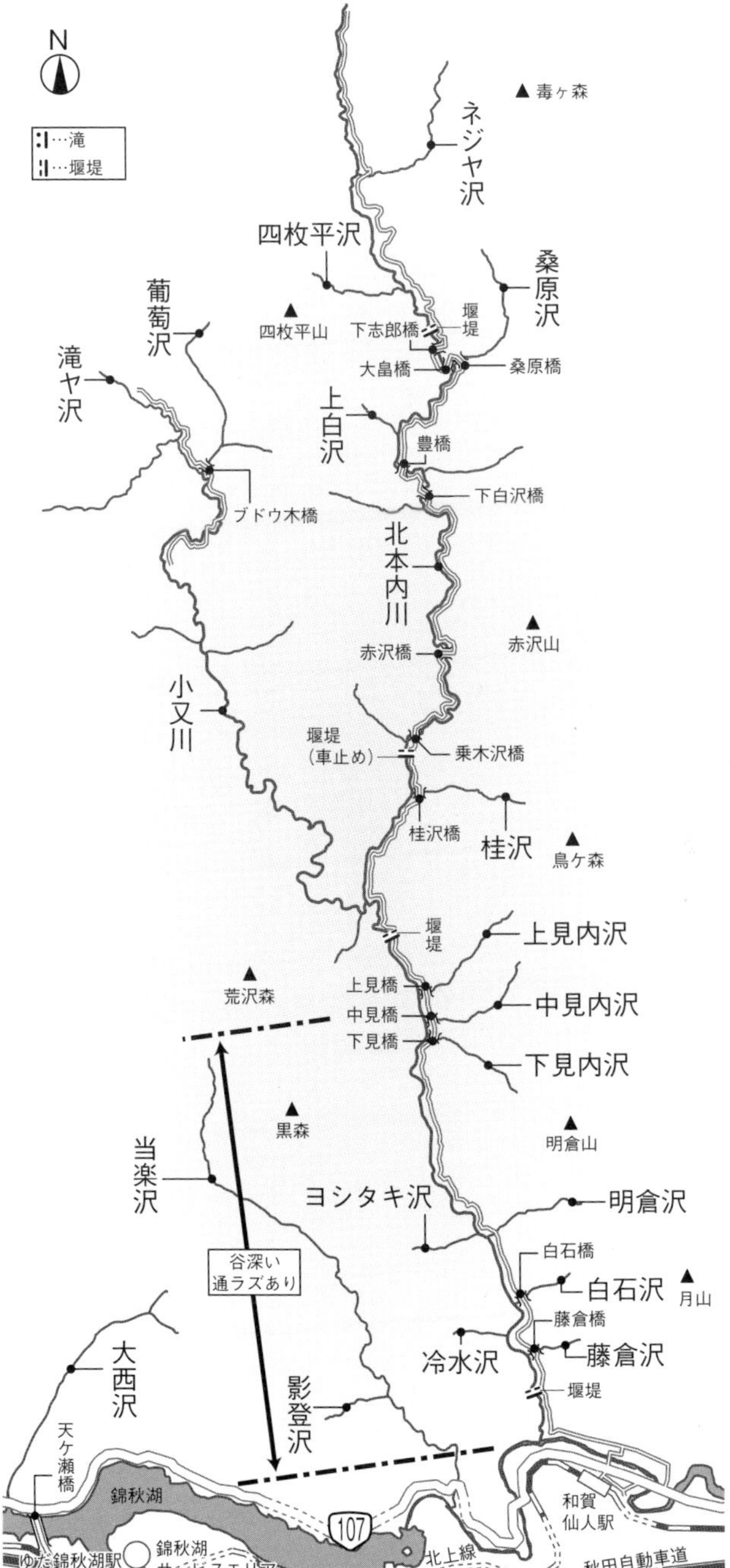

北上川水系 和賀川支流

横《よこ》川

幅広の美形ヤマメが待つ豪雪地帯の開けた渓
周辺渓流も魅力。時間に余裕があればぜひ泊りがけで

大荒沢川合流点からしばらく上がった流れ。ヤマメが付きそうなプールが点在する

秋の雨後は良型ヤマメと出会うチャンスだ

横川は西和賀町を流れる和賀川の支流で、北部の雫石町との境から流れる谷地川と長橋川が合わさって横川となる。魚種はヤマメが中心で、ときどきイワナも釣れる。途中、大荒沢川や高下川などが合流しているので水量は比較的多い。

●高下川合流点〜大荒沢合流点

和賀川との合流点からヤマメがねらえるが、河原が多く歩きやすいのは高下川との合流点より上流からである。ここから大荒沢川合流点までは本流の様相も感

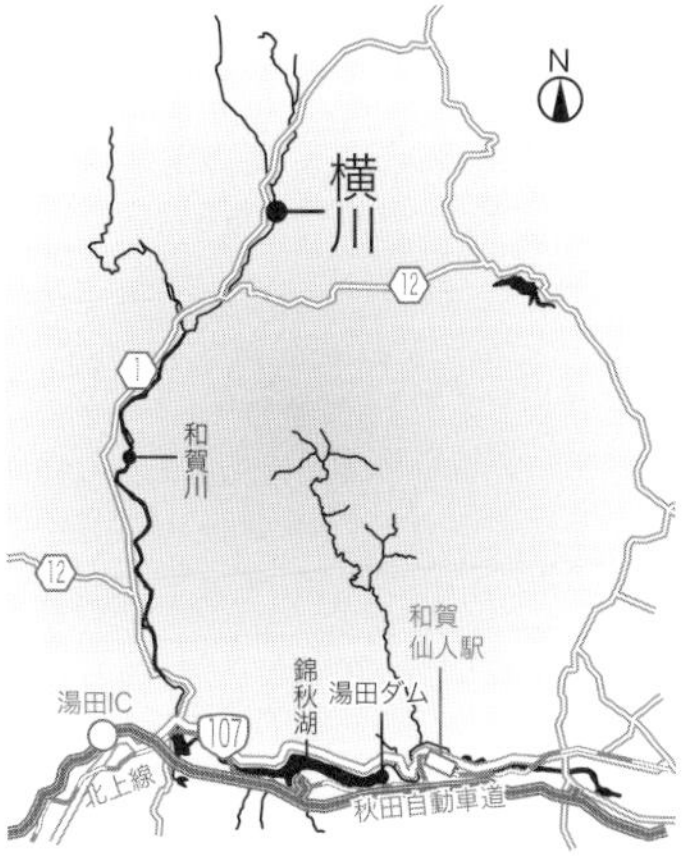

information

- ●河川名　北上川水系和賀川支流横川
- ●釣り場位置　岩手県和賀郡西和賀町
- ●主な対象魚　イワナ、ヤマメ
- ●解禁期間　3月1日～9月末日
- ●遊漁料　日釣券600円・年券3500円
- ●管轄漁協　西和賀淡水漁業協同組合（Tel090-4551-8653）
- ●最寄の遊漁券取扱所　農家食堂およね（Tel0197-85-2045）、上州屋北上店（Tel0197-66-6170）
- ●交通　秋田自動車道・湯田ICより国道107号を錦秋湖方面へ進み、県道1号を左折して和賀川上流部へ

じられる開けた流れで、落差はなく瀬とプールを繰り返す。近年、河川改修が進み川底が平らで浅くなったところが目立ち、新しい護岸も多いので、以前のような面影はあまり感じられない。

　このように一見釣趣に欠ける渓相だが、そのぶんちょっとした深みや護岸の際など、ポイントが絞りやすい。全体的に魚影が多いわけではないが、ポイントが少ないことから、1つのポイントで複数の魚が釣れることもある。車を停めてそこからひたすら釣り上がってもよいが、ポイント間が離れていて歩くと疲れるので、車で土手沿いを移動しながらの拾い釣りのほうが効率はよいだろう。

　大杉沢と合流する辺りまで来ると、川が少し蛇行し、流れが右や左に寄るので、よりポイントがはっきりしてくるし、やや深みのあるポイントも出てくる。速い流れの両サイドや、護岸の際を丹念に流すとヤマメの反応がある。

　この高下川合流点から大荒沢川合流点までは、もしもフライで釣るなら日中に他の支流で楽しんだ後、帰り際にイブニ

若畑橋から下流を眺めた流れ。周りの支流が渇水でひどいときは、この辺りがよい時もある

大荒沢川合流点より下流。護岸の際や速い流れの両脇がポイントになってくる

ングねらいでのぞいてみるのがよいだろう。また、周りの支流が渇水で釣りが厳しい時もお勧めで、そういう時は水量のある横川本流で明るい時間帯でもライズが見られることもある。

釣りのシーズンは、この区間は支流の大荒沢川の水量が多く雪代も残るので、6月下旬からがねらいやすいだろう。また、本流筋だけあって流れが変わりやすく、年によってポイントが砂で埋まってしまったり、新たなポイントが形成されていたりする。地元に住む者としては、毎年どんなふうに変わっているかを見て回るのも楽しい。

●大荒沢川合流以遠

日中楽しむらなら、大荒沢川合流点より上流がよいだろう。ここからは水量と川幅が狭まり、渓流相の流れとなる。ところどころ川が蛇行し、そこに淵やプールを形成しているので、そういうポイントにヤマメが入っている。先述の大荒沢川合流点より下流に比べるとポイントが多いので、全く別の川かと思うほど渓相

大荒沢川合流点までは本流の様相も感じられる開けた渓相が続く

大荒沢川との合流点。上流を釣る時はここから入渓するとよい

が変わる。しかし落差はなく、高原を流れるような平らな流れなので川沿いにとても歩きやすい。林が近づくところもあれば河原があって開けている明るい区間もあるので、ロッドも振りやすい。

流れが平らなぶん、真夏の渇水期は水温も上がりやすく、手のひらサイズの小ヤマメやハヤが多くなる。雪代が落ち着いてくる6月頃や、雨で水が増えた後が釣りやすく、下流からのヤマメの遡上も期待できる。

大荒沢川合流点より上流は、貝沢地区砂防公園トイレまでの約2㎞は道路と川の間に林や畑があり、途中に入退渓しやすい場所が少ない。県道1号の山祇神社の500mほど下流に、川に向かって砂利道が1本あるので、大荒沢川合流点から入渓したらそこで退渓するとよいだろう。途中の林を抜けて入退渓できなくもないが、クマと遭遇する可能性があるのであまり勧められない。私自身も以前は林を抜けて入渓していた時があったが、至近距離でクマと遭遇してしまったので、それ以来この辺りの林を通らないように

大荒沢川合流点から上流は別の川のように渓相が変わる

大荒沢川合流点から上流は、林の中を流れたり、開けて明るくなったりを繰り返す

している。ちなみにその時はクマのほうが先に私に気づき、バキバキと草木をなぎ倒しながら一目散に逃げてくれたので事なきを得たが、それ以前から河原でクマを目撃している方もいたので、山奥ではないからといってクマ対策を怠ってはいけない。

貝沢地区砂防公園トイレより上流は、川が谷地川と長橋川に分かれる。どちらの川にも魚はいてイワナの割合も少し増えてくる。しかし流れがだんだん細くなったり、小さな堰堤が続いたりするので、気持ちよく釣りをするなら貝沢地区砂防公園までといったところか。

この地域は横川をはじめ、大荒沢川や高下川、赤沢や和賀川源流など、一日だけでは回り切れないぐらい魅力的な川が多い。遠方から来られる方は、花巻市の花巻南温泉峡に宿泊すれば県道12号を使って横川へアクセスしやすい。また雫石町の鶯宿《おうしゅく》温泉に宿泊すると県道1号で横川へアクセスできるし、雫石川水系の川にも近いので宿を変えずにいろいろな川を楽しめるだろう。

（仁平）

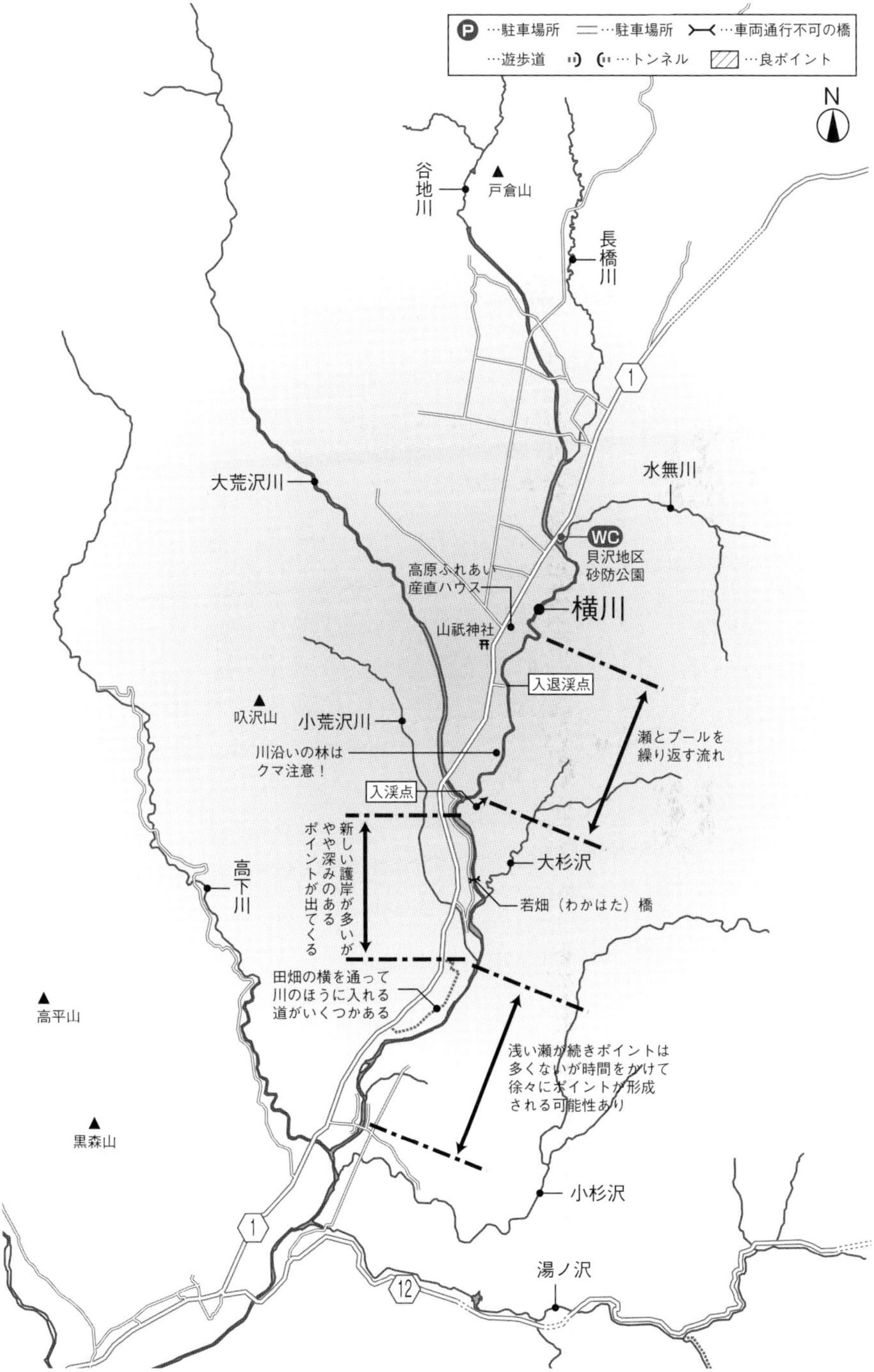

…駐車場所
…駐車場所
…車両通行不可の橋
…遊歩道
…トンネル
…良ポイント
N
谷地川
戸倉山
長橋川
1
大荒沢川
水無川
WC
貝沢地区
砂防公園
高原ふれあい
産直ハウス
横川
山祇神社
入退渓点
叺沢山
小荒沢川
瀬とプールを
繰り返す流れ
川沿いの林は
クマ注意！
入渓点
新しい護岸が多いが
やや深みのある
ポイントが出てくる
高下川
大杉沢
若畑（わかはた）橋
田畑の横を通って
川のほうに入れる
道がいくつかある
高平山
浅い瀬が続きポイントは
多くないが時間をかけて
徐々にポイントが形成
される可能性あり
黒森山
小杉沢
1
湯ノ沢
12

北上川水系
豊沢川支流

出《で》羽《わ》沢

『なめとこ山の熊』の舞台をひっそりと流れる小渓
クマ対策もしっかりして、自然を丸ごと楽しみたい

1つめの堰堤から2つめの堰堤の中流域の渓相。雨上がりのタイミングで良型ヤマメのチャンスがある

岩手県花巻市を流れ北上川に合流する豊沢川。その上流部には豊沢ダム（豊沢湖）があり、ダム湖に直接流れ込む沢がいくつかある。今回はその1つ、出羽沢を紹介したい。

花巻市を流れる豊沢川は、下流ではアユやヤマメがねらえるポイントが多く、タイミング次第では40㎝クラスの本流大ヤマメの実績もある。一度はそのような魚に出会いたいものだ。花巻市から県道12号を西へ向かうと、銀河なめとこラインに入って行く。その入口付近にコンビニ（花巻南温泉峡口店）があり、遊漁券が購入できる。その先には花巻温泉郷が控え、志戸平温泉や大沢温泉、鉛温泉、藤三旅館などがある。大沢温泉の賢治ゆかりの自炊部・湯治屋は昔ながらの湯治宿で人気が高い。また藤三旅館には1・25ｍもある日本一深い温泉・立ち湯があり、貴重な足下湧出の温泉となっている。釣りの帰りにはぜひ疲れをとって頂きたい。県道12号沿いの「山の駅 昭和の学校」に立ち寄るのもよいだろう。廃校になった建物を利用して昭和の物がたくさ

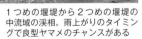

ん飾られている。昭和世代の方には懐かしく思われるだろう。

豊沢ダムに入り淡嶋神社を過ぎると幕館橋が出て来る。橋を越え、右折して花巻雫石線・県道234号に入ると豊沢川上流に至る。今回は直進して沢内方面へ向かう。数百メートル進むと左に下る林道が出て来るが、注意していないと見逃すかもしれない。林道に入りすぐに桂沢に架かる橋を渡り車で10分ほど走ると出羽沢に架かる橋に至る。橋を渡り直進すると白沢に続く林道となるが、数年前から途中で崩れ通行止めとなっている。徒歩でもだいぶ距離があり、草木が多く白沢に行くのは困難だ。

橋の手前の光林寺公園跡地を右に曲がり、最初の堰堤の所に駐車スペースがある。その先も林道は続くが、草木が伸びすぎて道路が見えないくらいの所が何箇所もあるので、あまり車で奥までは入らないほうがよいかもしれない。

最初の堰堤から次の堰堤までのコースがお勧めで、この区間はヤマメ・イワナの混生、それより上流はイワナのみとなる。渓相は河原もあり歩きやすく、適度にプールがあるので、6月以降はルアーやフライの釣りがよいと思う。サオを振るスペースも充分にある。入渓すると林道と川との落差があるため、途中での退渓は少し難しい。先行者がいる時には、次の堰堤から、もう1つ上の堰堤までのコースとなる。3つめの堰堤の手前に出羽沢橋があり、その近くから退渓する。

これより上に行くと入退渓が困難になるため、あまり無理をしないほうがよいと思う。一日の入渓人数は限られるが、雨上がりなどの少し水が動いたタイミングがよく、尺クラスの魚の実績もあるので気を緩めずにねらってもらいたい。きれいな渓魚との出会いを楽しめることと思う。

出羽沢は高低差も少なく、春は山菜、秋はキノコと釣り以外でも楽しませくれるよい川である。渇水の時期はあまり期待出来ない時が多く、少し遠めからのアプローチが必要になるかもしれない。

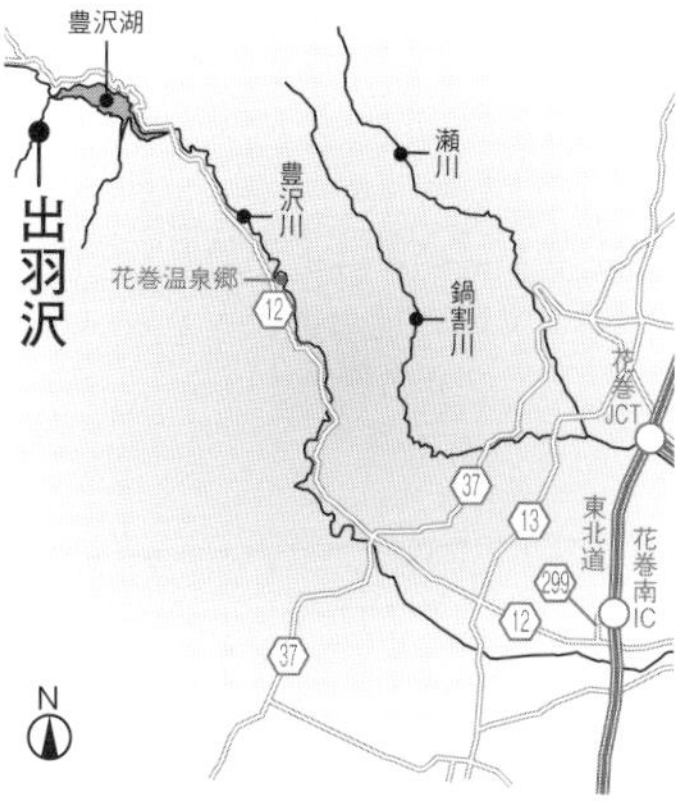

information

●河川名　北上川水系豊沢川支流
出羽沢
●釣り場位置　岩手県花巻市
●主な対象魚　イワナ、ヤマメ
●解禁期間　3月1日～9月30日
●遊漁料　日釣券800円・
年券6000円
●管轄漁協　豊沢川漁業協同組合
（Tel090-4045-9414・
佐藤）
●最寄の遊漁券取扱所　ファミリーマート花巻南温泉峡口店（Tel0198-38-5211）
●交通　東北自動車道・花巻南ICより県道299、12号で豊沢湖方面へ

河原もあり歩きやすい渓だ。適度にプールがあるのでルアーやフライも楽しめる

美しい流れを見せる出羽沢。小さいポイントもこまめに探るとイワナが手にできる

ヤマメ、イワナが混生の渓。ロッドを賑わせてくれる

渓流釣りあるあるではないが、よい時はたくさんの魚に出会えるのに、全くダメな時は魚の気配すら感じられず、あれだけいた魚たちはどこへ行ってしまったのだろうと思うことがある。そんな時の釣りは身体も気持ちもとても疲れてしまう。自分はフライフィッシングだが、魚の反応が渋くて疲れると釣りが雑になり、振りがおかしくなったりする。そんな時は少し腰を下ろして休憩をとり、川の流れや周りの景色に目を向けることで少し気持ちが楽になる。釣りは趣味、遊びなのだから、あまり考えすぎず楽しんだほうがよいと思う。皆さんもよかったら試してみてほしい。

8月のお盆時期はアブが多く、常にまとわりつかれるので注意が必要。豊沢ダム付近はクマも多く、特に朝と夕方頃からよく見られる。多い時は、一日で数頭に出くわすことも珍しくない。宮沢賢治の童話にもクマが登場するし、まさに『なめとこ山の熊』の舞台だ。川に入る時は出来れば単独ではなく、2～3人での釣行がよいと思う。もちろんクマスプ

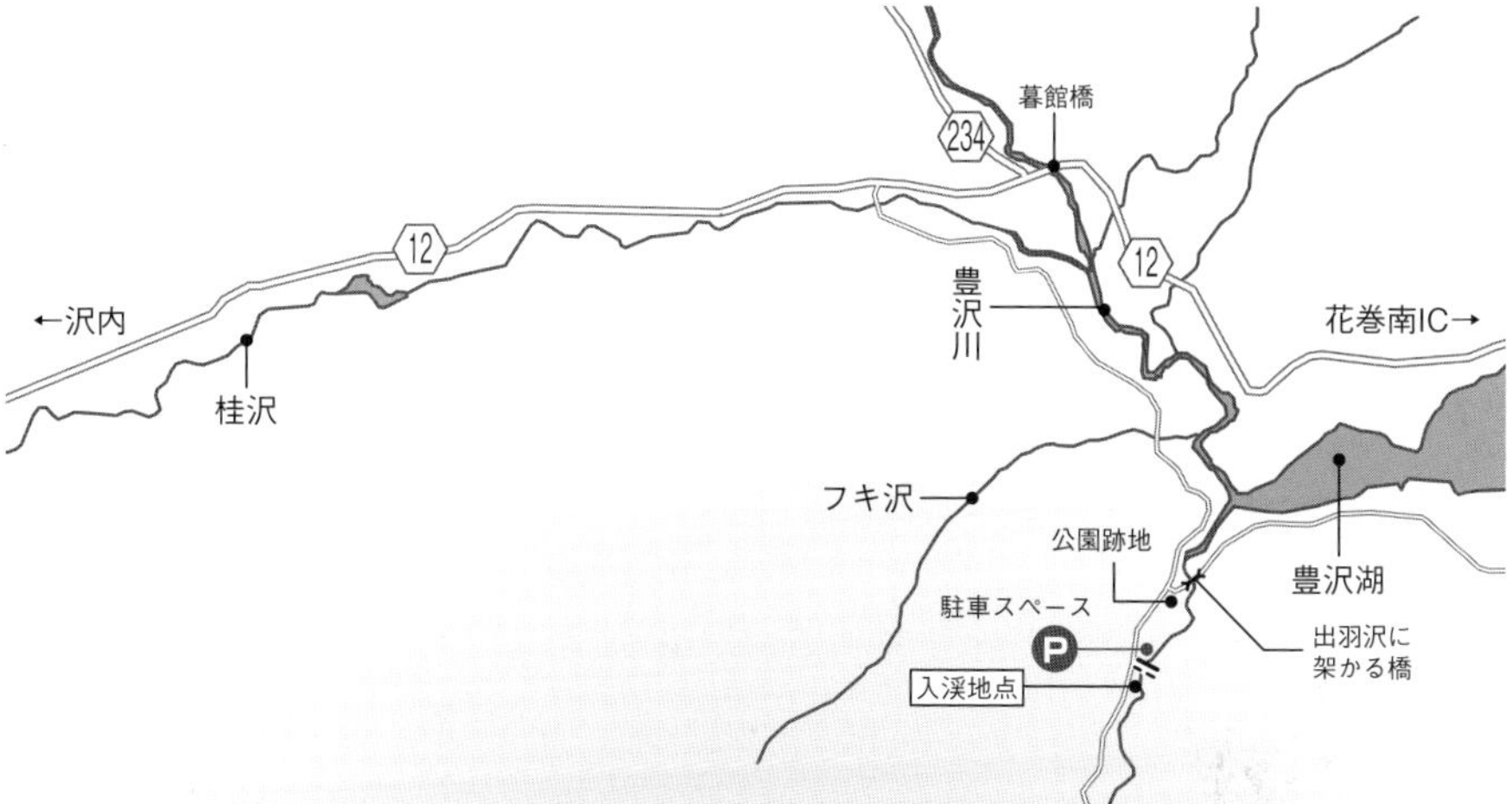

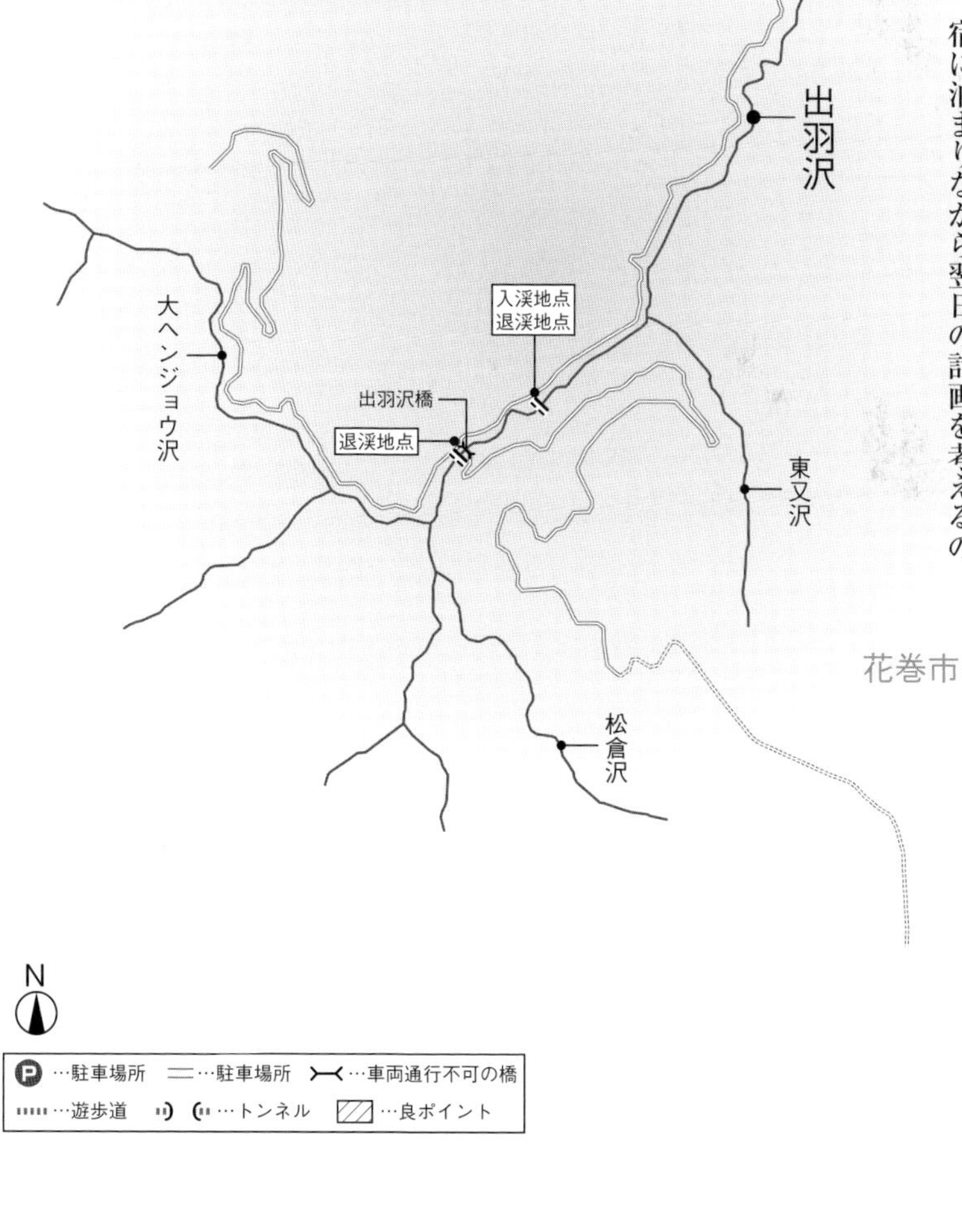

レーや鈴を身に付けて、クマ除けの笛なども準備してもらいたい。
近くにはまだたくさん川があり、温泉宿に泊まりながら翌日の計画を考えるのも楽しみの1つ。釣果だけがすべてではない。釣れない時でも、川や山の自然を楽しんでもらいたいものだ。（佐藤浩司）

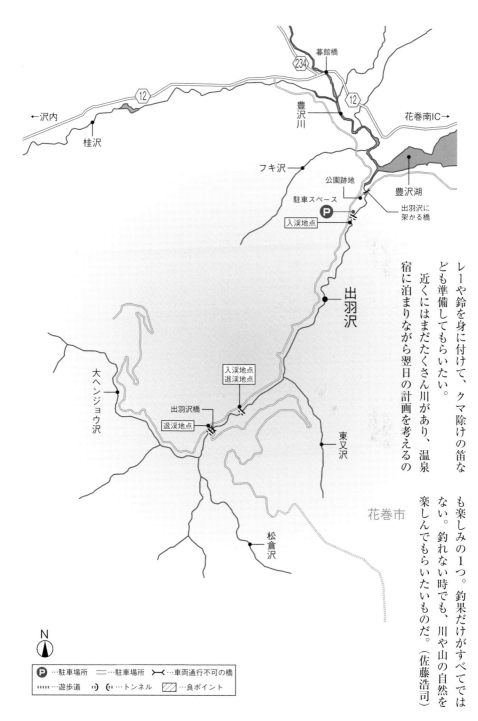

猿ヶ石川水系
小烏瀬川支流

琴《こ》畑《はた》川

地元アングラーにも人気の歩きやすい渓
遠野の渓流初体験の方には特にお勧め

小さな鳥居を過ぎた先にある堰堤より上に行くと、森の中を気持ちよく釣れる流れになる

琴畑川は遠野市の北東部、新山高原を源に猿ヶ石川支流・小烏瀬川に流れる川である。全体的に極端な落差はなく、川通しで歩きやすい。また道路が並走する区間も多く入退渓が比較的容易である。

●小烏瀬川合流～琴畑橋

最下流の小烏瀬川合流点からヤマメがねらえる。合流点付近は畑の側を流れアシも多い里川の渓相。平坦な流れが多くヤマメが付きそうなプールも点在する。

開けて明るい区間で、真夏は暑いが初夏や初秋は過ごしやすい気温のなか気持ちよく釣り上がれる。畑の道から途中退渓も可能だが、距離が短いので1つめの橋（赤沼橋）まで釣るとじっくり楽しめる。ただし地元では、対岸から畑に向かってクマが川を渡る通り道があるといわれ、目撃した方も少なくない。下流部とはいってもクマ避け対策は必須だ。

赤沼橋から次の鍋割橋までも1つの釣り上がり区間。そんなに長い距離ではないが、道路まで少し高さがあったり、道路から川が見えないところもあるのでマイペースで楽しめる。

鍋割橋からその先の集落に架かる琴畑橋までは、道路と川の高さが近く入退渓が容易だ。この区間は明るいところや林の中を流れたりを繰り返し、ヤマメとイワナがねらえる。

いつでも水量が豊富な川ではないので、渇水時は釣果が伸びづらく、魚がいても

小烏瀬川との合流点すぐ上の流れ。最下流部は里川の雰囲気が漂う

赤沼橋からの眺め。ここから入渓して次の鍋割橋まで釣り上がっても面白い

かなりスレていたりするが、増水後や秋は本流から良型のヤマメが遡上するので、その時期は気を抜けない。

夕方ねらうなら琴畑橋付近にある取水口上のプールが民家も側にあり、車の近くで釣りが出来るので安心だ。このプールにもシーズンによって遡上の魚が付くことがあるので、橋の上で魚影を確認してから川に入るとよいだろう。

●森を縫う流れへ

琴畑橋より上流は、森の中の流れになり道路も砂利道の林道になる。この辺りもヤマメとイワナの混生だが、木が被ってロッドが振りにくいところも出てくる。その次の橋から上はまた次第に開けてくるが、今度はこの川でも数少ない、やや落差のある区間になる。落差で流れに酸素が取り込まれるため、渇水時はここがねらいめかもしれない。

そのまま林道を進み、左側の小さな鳥居を過ぎると、右に車を何台か停められそうな広場が出てくる。この辺りから入渓すると比較的川沿いに釣り上がりやすい。イワナが中心となり、魚影も多い。広場の先には大きな堰堤があり、川と道路に次第に高さが出てくる。堰堤まで釣り上がったら頑張って斜面を登ってもよいが、川通しで戻って道路と近づくところから退渓したほうが無難だ。

●フライ向きの流れ

堰堤から上も少しの間、川と道路に高さがある区間が続く。堰堤付近に車がなければそこから入り、時間をかけて楽しむのもよいだろう。途中で川と道路が離れても案外斜面がなだらかな箇所がいくつかあるので途中退渓も可能だが、その

information

- ●河川名　猿ヶ石川水系
  小烏瀬川支流琴畑川
- ●釣り場位置　岩手県遠野市
- ●主な対象魚　イワナ、ヤマメ
- ●解禁期間　3月1日～9月30日
- ●遊漁料　日釣券1000円・
  年券6000円
- ●管轄漁協　上猿ヶ石川漁業協同組合
  （Tel0198-62-9800）
- ●最寄の遊漁券取扱所　釣具の正一屋
  （Tel0198-62-1311）
- ●交通　釜石道路・遠野ICより国道283、340号で小烏瀬川との合流点まで車で約20分

目印となるものがない。したがって、午後からなら道路と川が近づいた辺りから入るのがお勧め。

堰堤から広股沢合流辺りまでは、一部大岩がゴロゴロしてやや落差のあるところもあるが、ほどよい大きさのプールがいくつもあってゆったり釣れる区間がほとんどなので、フライフィッシャーから特に人気のある区間だ。砂の多い川がたくさんある遠野らしい渓相で、プールでは砂の上でユラユラしているイワナの魚影を目視できることも珍しくない。

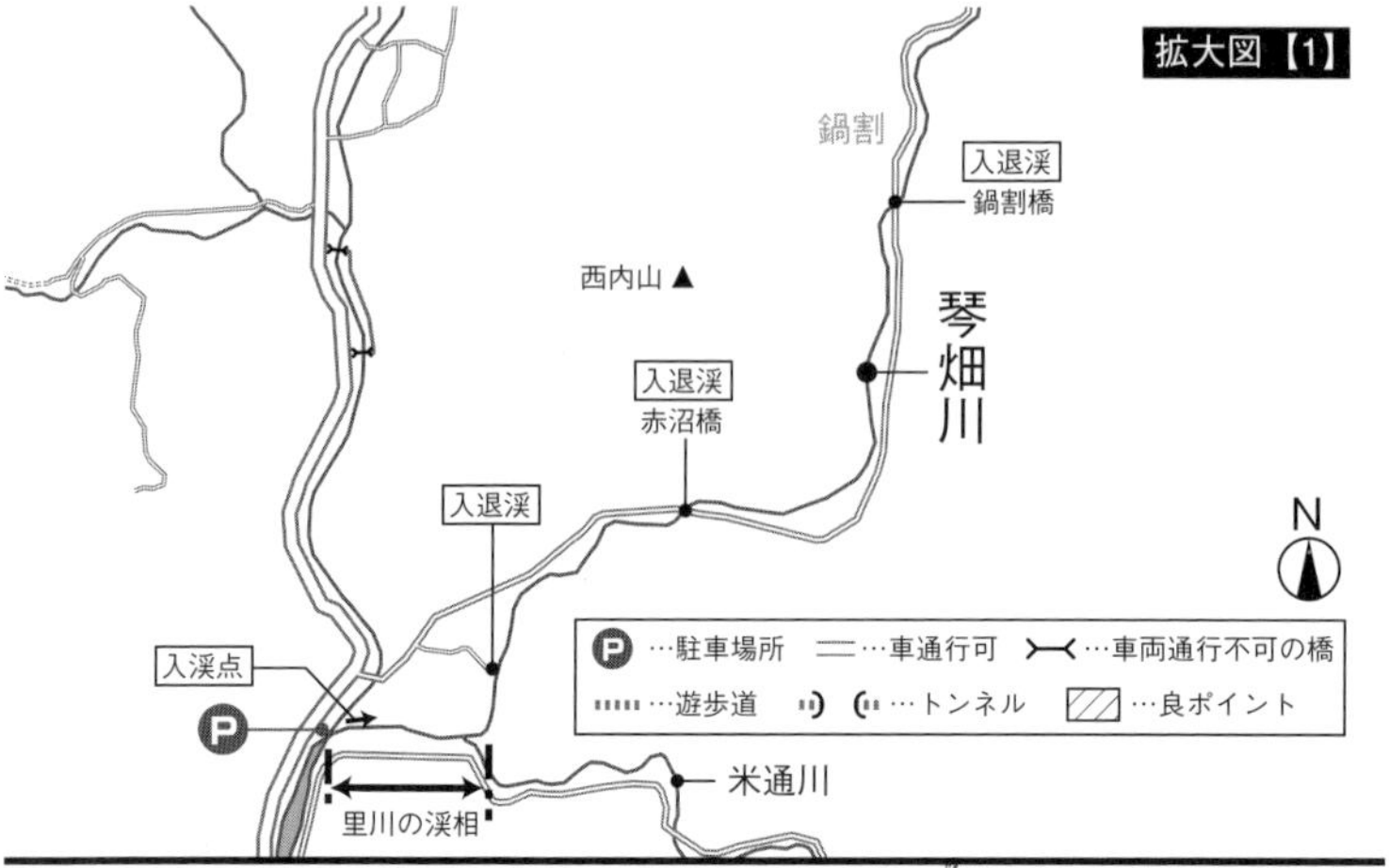

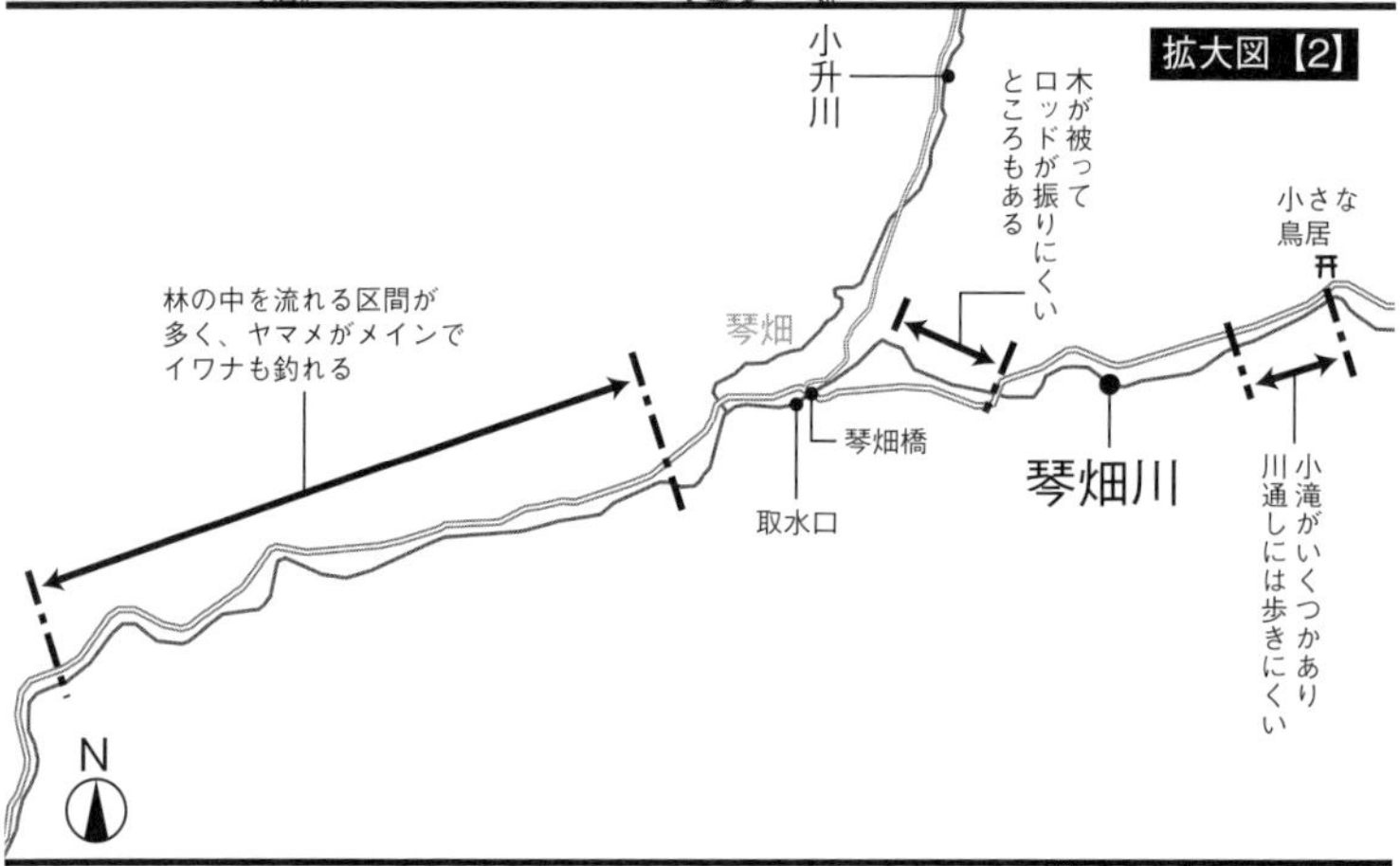

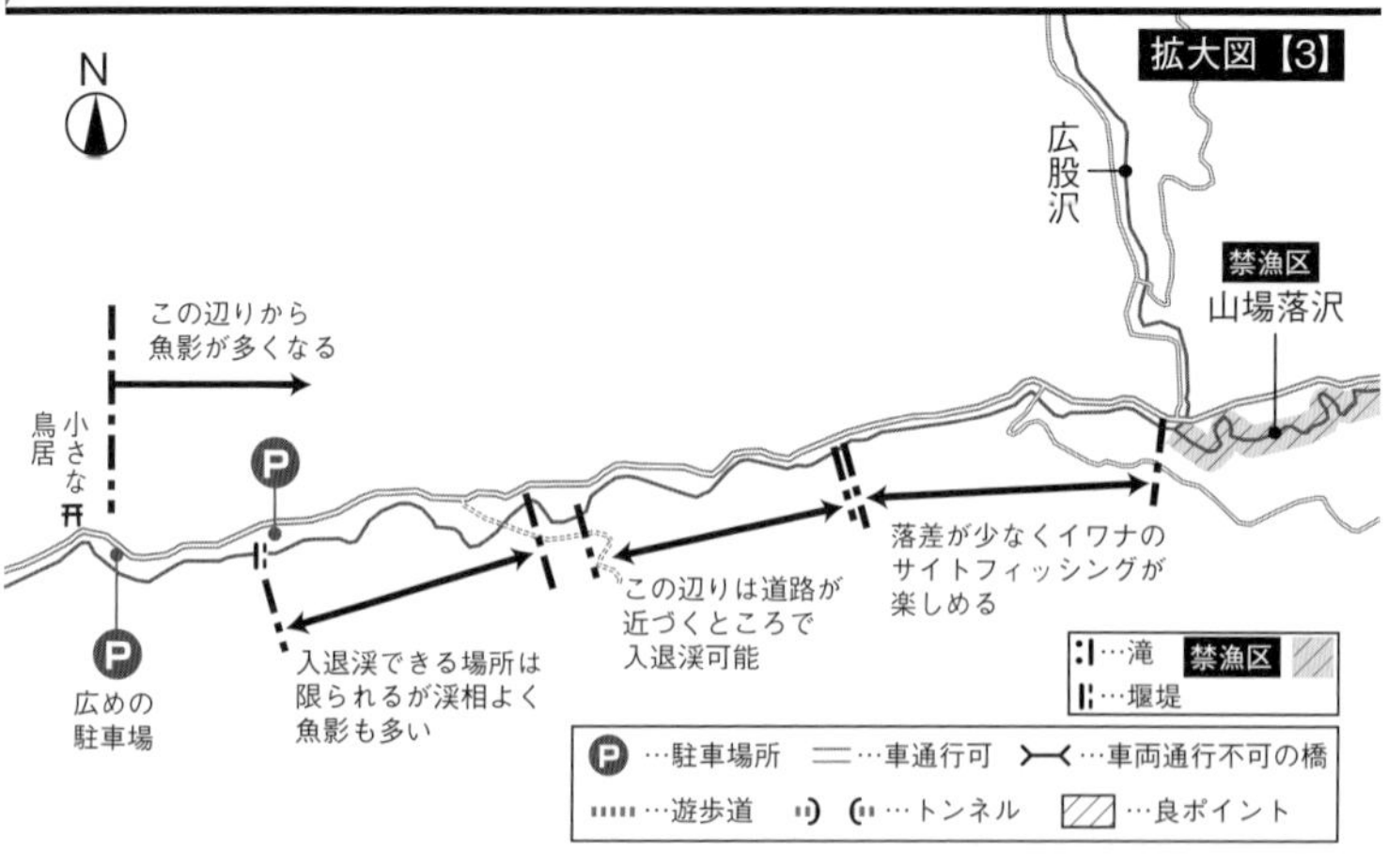

フライで釣るなら、お勧めの季節は雪代が落ち着き新緑の5月下旬から6月上旬。この頃は水量が安定し、メイフライの姿もチラホラ見えて釣りやすい。真夏の渇水期でも魚は見えるが、釣り人のプレッシャーと相まってかなりスレていることが多い。不用意に近づくとすぐに走られるが、気難しいイワナをどうやって釣るか腕試しをしても面白いだろう。いずれにせよ、ここの区間はサイトフィッシングが楽しめるので、プールが出てきたら魚を捜してからキャストしたい。

広股沢合流から上は山落場沢と名前を変え、禁漁区となる。広股沢は釣り可能で魚影も多いが、だんだんと川が細くなる。釣れる魚のサイズは20㎝前後が中心で、たまに9寸前後も釣れる。

上流部は車で林道を走りながら川が見えて、場合によっては魚も見えてしまうので、つい目線が川へと向かってしまうが、バイクの方もたまにいて結構な勢いで複数台とすれ違うこともある。山奥の狭い林道で事故を起こしては大変なので、対向車には充分に気をつけたい。

最後に、遠野が初めてという方には、ぜひ訪れてほしい川である。

（仁平）

岳《だけ》川（稗貫川）

早池峰ダム上流途中で稗貫川と名前が変わる
ダムを境に下流側は里川、上流側は大岩の渓谷

花巻市を流れる岳川は、早池峰山を源頭に大迫町を経て、稗貫川と名を変えて石鳥谷町で北上川に合流する。最下流の稗貫川は、フラットなプールが多く見られ、近年少なくなったが早春のヒカリがねらえる。また、シーズンになれば北上川からサクラマスが遡上し、それをねらうアングラーの姿も見られる。

中流域から早池峰ダムまでは、田畑の間を瀬とプールを繰り返しながら流れる渓相でヤマメが中心。たまに本流育ちの白点が大きいイワナも釣れる。魚影は多いが日中は小型の魚が中心で、朝夕マヅメには良型も顔を出す。水生昆虫も豊富で、夕方のイブニングにもオススメだ。道路が川沿いに続いているので、入渓も楽である。ただし、ダム下流130mは禁漁である。

早池峰ダムより上流は、岩も大きくなってきて、次第に落差も出てくる。ただし雪代も入るので本格的なシーズンは6

早池峰神社より上流の流れ。落差がある山岳渓流の様相を見せる

上流部は落差が結構あるが、良型のイワナと出会えるチャンスが少なくない

information

●河川名　北上川水系岳川
●釣り場位置　岩手県花巻市
●主な対象魚　イワナ、ヤマメ
●解禁期間　3月1日～9月30日
●遊漁料　日釣券1200円・
年券8000円
●管轄漁協　稗貫川漁業協同組合
(Tel080-1651-0957)
●最寄の遊漁券発売所
ファミリーマート
花巻大迫町店
(Tel0198-36-1777)
●交通　東北自動車道、釜石自動車道を経由して東和IC下車。県道43号で古田峠を経由し岳川の各釣り場へ

月中旬から。ダムから嫁ヶ淵までの間は開けた流れで落差もそれほどでもなくロッドも振りやすいが、河原が少なく歩きづらい。釣り上がるなら天王橋から上流がおススメ。対象魚はヤマメとイワナで、ダムから遡上してきた大ものもねらえる。初夏のイブニングではカゲロウのハッチが盛んで、ライズの釣りも期待できる。真夏は、日陰が少なく水温が上がるので難しくなる。嫁ヶ淵上流からは周りの木々も増え、落差も出てきて、本格的な渓相になってくる。イワナが中心で、岩の下や流れの巻きがポイントとなる。この辺りからは大岩や足場の悪い箇所が出てくるので気をつけたい。入退渓は、道路と川が離れている区間もあるので、各橋の周辺からが無難だ。

これより上流に向かうと、民宿が何軒か立ち並んでいる。気軽に入退渓できるのはこの辺りまでで、これより上流は川の落差も増し、大岩に加え岩盤も多く見られる山岳渓流の渓相となる。水は綺麗だが岩盤は滑るので、ウエーディングシューズはラバーソールではなくフェルト

ダム下流の1つめの橋、白岩橋上流側の流れ。里川の雰囲気だが水量が多いので歩きづらい

ダム上流に架かる天王橋からの眺め。ダム上流はこの辺りからが釣り歩きやすくなる

ソールがよい。水温は夏でも低く保たれ、街の気温が30℃超えでも、上流は涼しく釣りを楽しむことができる。魚影が多いわけではないが、型がよく、30㎝を超える魚も珍しくない。また水量が豊富なので、他の河川がひどい渇水でも上流部のこの辺りなら釣りになることが多い。

　その反面、雨が降ると水が増えやすく遡行が難しくなるので注意が必要だ。入渓は川と道路が並行していて川が見えるところが多いので退避スペースなどを利用すればよいが、退渓は川に目印となるものが少ないので、道路が見えるところで川から上がるとよい。ただ道路と川はやや高さがあるので斜面の上り下りには気を付けたい。また、川の落差も結構なものがあるので、足腰が心配な方にはオススメできない。

　その年の雪の量にも左右されるが、5月中旬までは早池峰神社の辺りから上流の道路は冬季通行止めとなっている。さらに、6月から8月上旬までは土日祝日の早朝～お昼までは早池峰山登山のハイシーズンのためにマイカー規制がかかるので注意したい。

　本流筋が増水などで釣りにならない時は支流に逃げ込みたい。大迫町内で合流する中居川は、八木巻川や旭ノ又川などの支流を抱え魚影も多い。町を抜けたところの里川の区間が国道沿いで、1人でも気軽に入渓しやすい。もう1つ比較的流程が長いのがダムの下流で合流する小又川だ。ここも上流まで道路沿いで、入

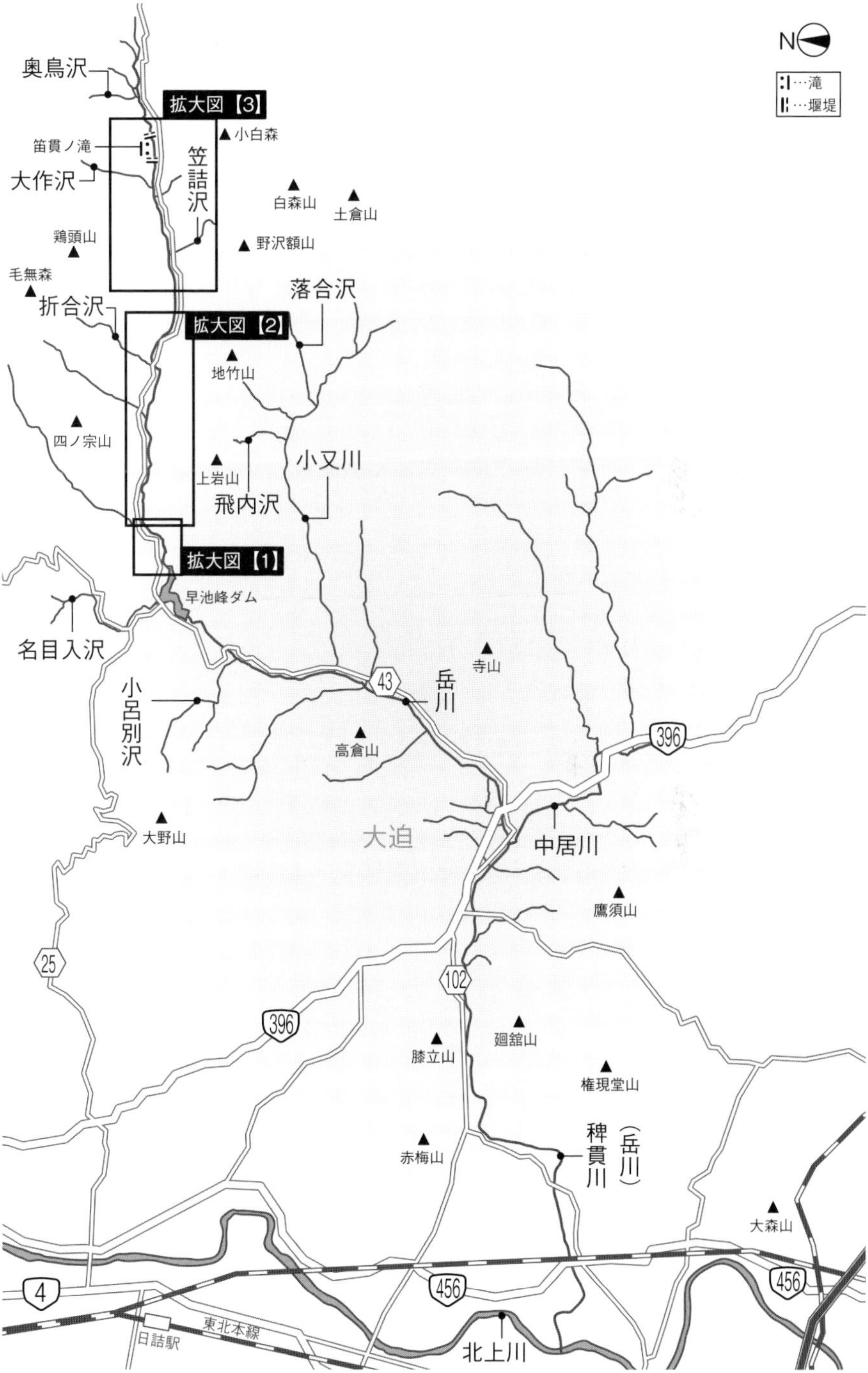
N
…滝
…堰堤
奥鳥沢
拡大図【3】
小白森
笛貫ノ滝
大作沢
笠詰沢
白森山
土倉山
鶏頭山
野沢額山
毛無森
折合沢
拡大図【2】
落合沢
地竹山
四ノ宗山
上岩山
飛内沢
小又川
拡大図【1】
早池峰ダム
名目入沢
43
岳川
寺山
小呂別沢
高倉山
396
大野山
大迫
中居川
鷹須山
25
102
396
廻舘山
膝立山
権現堂山
赤梅山
稗貫川
（岳川）
大森山
4
456
456
東北本線
日詰駅
北上川

中山橋下流側の流れ。天王橋からここまで釣り上がっても面白い

早池峰神社より上流は滝のような落差が続くところもある

早池峰神社より上流の流れ。少しフラットな区間が出てきたと思ったらまたすぐ落差が出てくる

渓しやすい川である。本流との合流すぐ上からヤマメが釣れ、集落を抜けたさらに上流はイワナが中心になってくる。いずれの支流もあまり規模は大きくないので春は釣りやすいが、夏になるとアシが迫ったりクモの巣が多くなったりでやや釣りづらくなるが、そのぶん魚はかなりストックされているように思える。

岳川は、県道25号線を使えば薬師川、国道396号線を使えば遠野方面にも向かえるので、他の川とセットで計画しても面白い。

流れの中心となる大迫町はブドウの生産が盛んで、ワインが特産品である。町内の飲食店やホテルで美味しいワインを飲みながら、次の日の計画やその日の旅の思い出に浸るのも悪くない。もちろんお土産として購入しても喜ばれるだろう。

最後に、岳川は毎年クマの目撃情報が多数あり、人との接触も報告されている。早池峰ダムや嫁ヶ淵辺りから、上流の源流域までどこでも出るので、クマ鈴や笛などを必ず携帯して単独での釣行は避けたい。

（仁平）

拡大図【1】

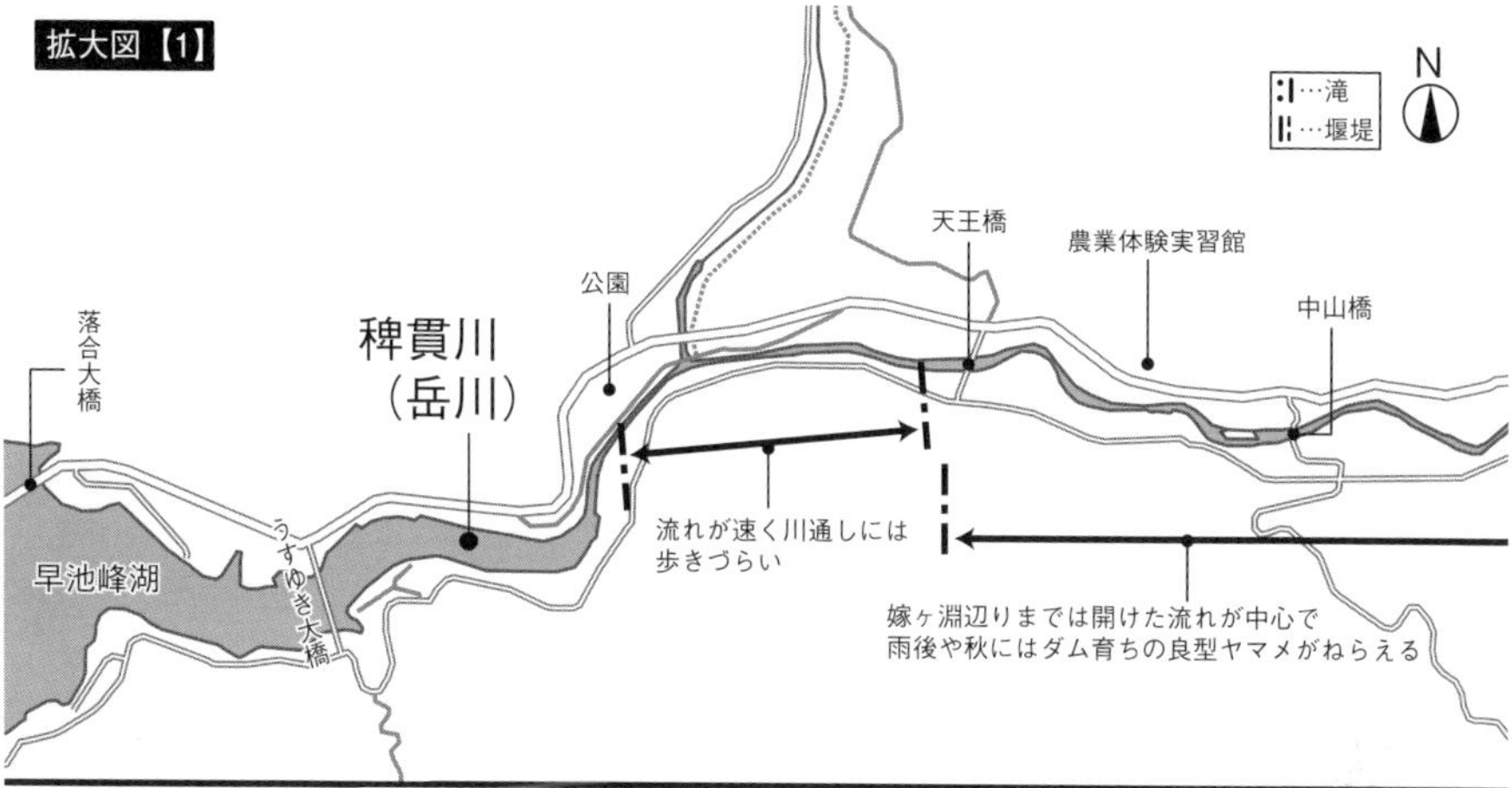

:|…滝
|¦…堰堤
N
落合大橋
稗貫川
（岳川）
公園
天王橋
農業体験実習館
中山橋
うすゆき大橋
早池峰湖
流れが速く川通しには
歩きづらい
嫁ヶ淵辺りまでは開けた流れが中心で
雨後や秋にはダム育ちの良型ヤマメがねらえる

拡大図【2】

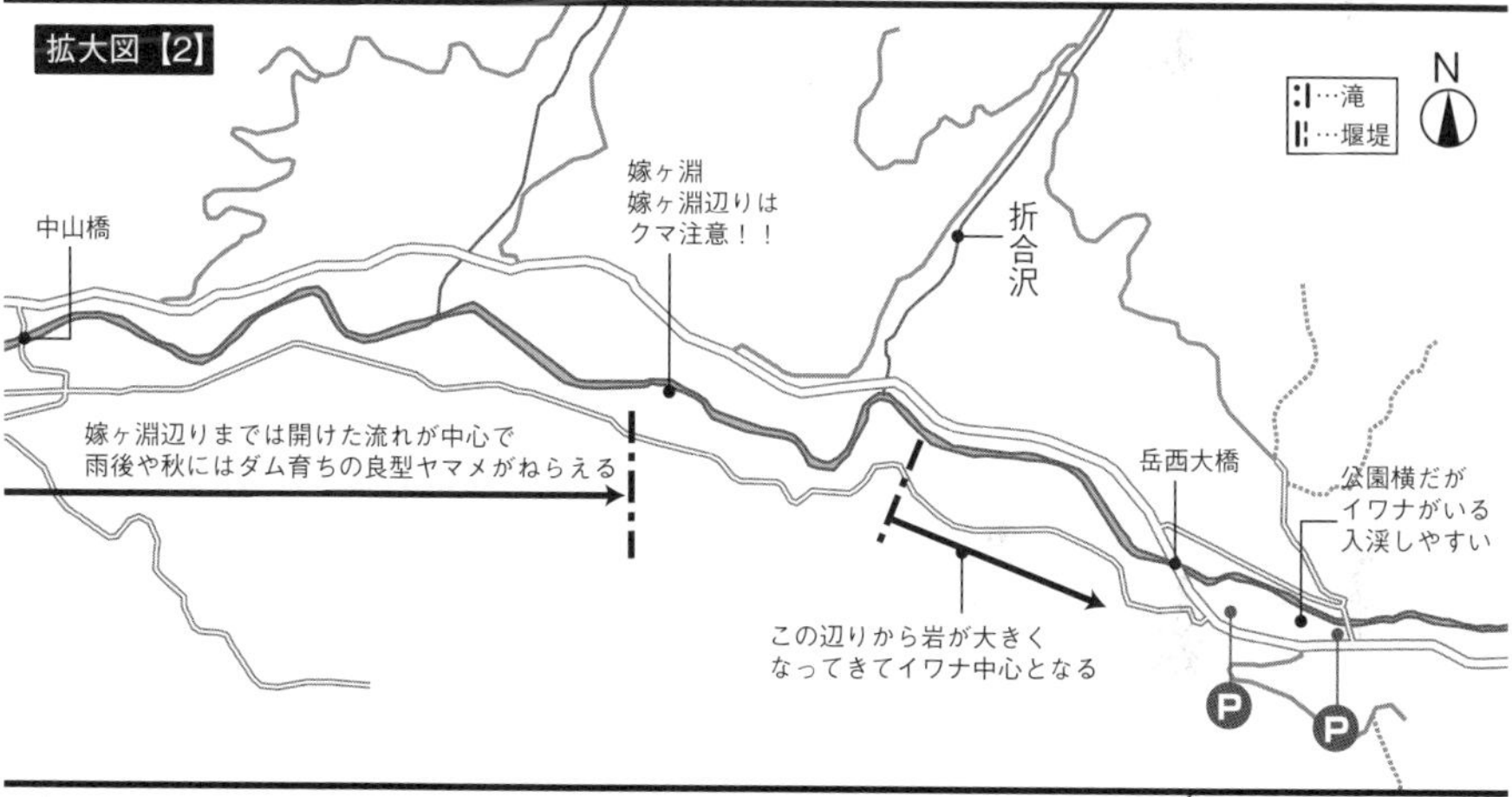

:|…滝
|¦…堰堤
N
中山橋
嫁ヶ淵
嫁ヶ淵辺りは
クマ注意！！
折合沢
嫁ヶ淵辺りまでは開けた流れが中心で
雨後や秋にはダム育ちの良型ヤマメがねらえる
岳西大橋
公園横だが
イワナがいる
入渓しやすい
この辺りから岩が大きく
なってきてイワナ中心となる
P
P

拡大図【3】

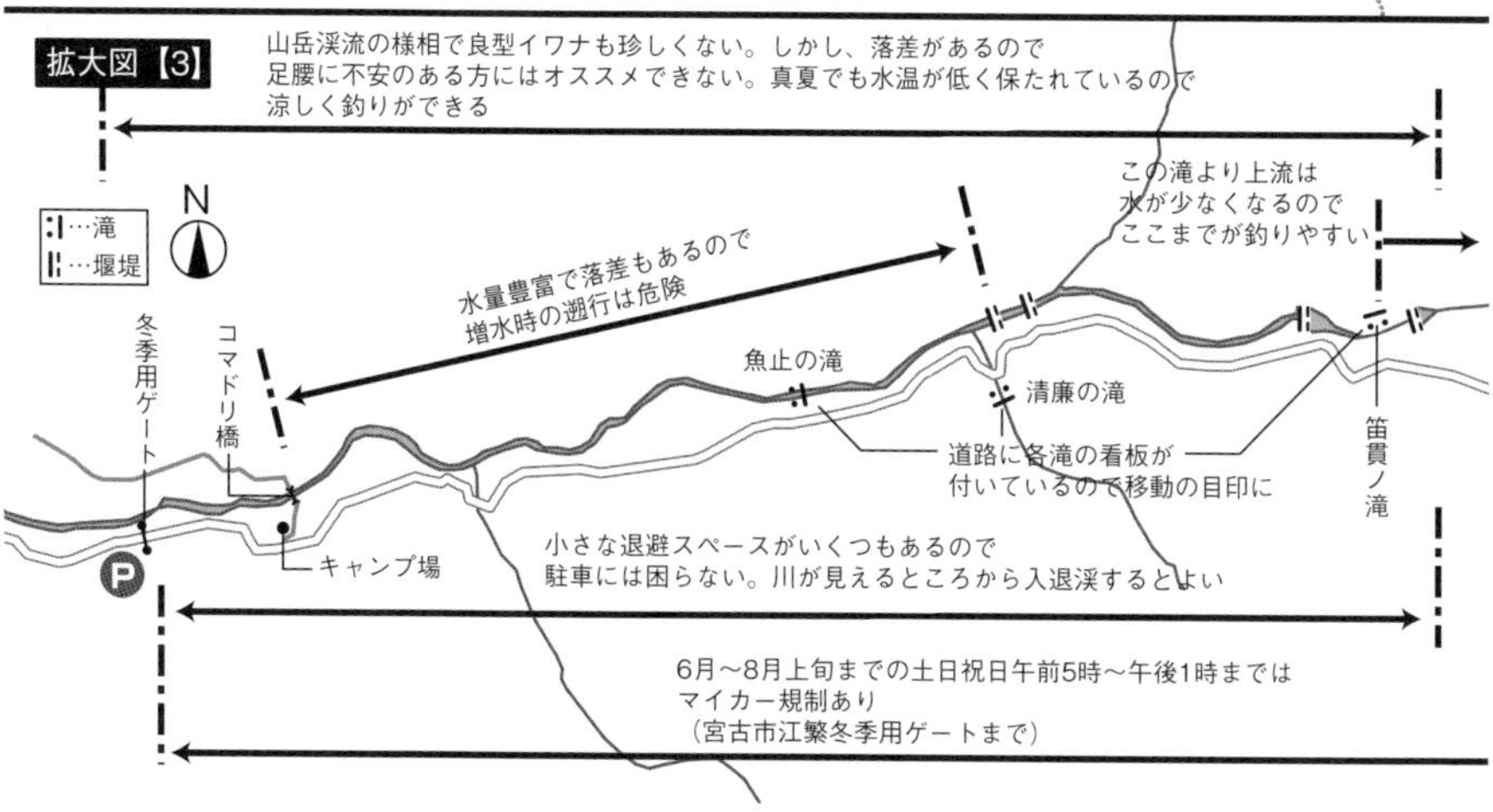

山岳渓流の様相で良型イワナも珍しくない。しかし、落差があるので
足腰に不安のある方にはオススメできない。真夏でも水温が低く保たれているので
涼しく釣りができる
この滝より上流は
水が少なくなるので
ここまでが釣りやすい
:|…滝
|¦…堰堤
N
水量豊富で落差もあるので
増水時の遡行は危険
冬季用ゲート
コマドリ橋
魚止の滝
清廉の滝
笛貫ノ滝
道路に各滝の看板が
付いているので移動の目印に
P
キャンプ場
小さな退避スペースがいくつもあるので
駐車には困らない。川が見えるところから入退渓するとよい
6月～8月上旬までの土日祝日午前5時～午後1時までは
マイカー規制あり
（宮古市江繋冬季用ゲートまで）

北上川水系
雫石川支流

葛根田川《かっこんだ》

C&Rエリアでも知られる雫石川水系きっての支流
釣行後は近郊の観光グルメスポットも満喫

平成30年7月23日未明、緊急避難情報で目覚める。どんどん上がる水位をスマホの画面で食い入るように見つめていた。幸い堤防の決壊こそなかったものの、葛根田川に架かる西長橋は橋脚をえぐられ、その後丸2年の通行止めを強いられた。近年の雨の降り方が尋常ではないことは周知の事実だろう。それがフィールドに及ぼす影響はこの川も例外ではない。流域面積が広いぶん、雫石川のもう1つの支流、竜川と比較して豪雨の爪痕が大きいといわざるを得ない。それでも毎年多くのアングラーに来て頂けるのは、岩手山を望みつつ人工物がほとんど目に入らない景色の中、自然の猛威を生き抜いた猛者ともいえる渓魚が相手をしてくれるからにほかならない。

雫石川の支流である葛根田川は、水量、水域ともに本流を凌駕《りょうが》する大きな川である。今回は、キャッチ&リリース区間を含む本流の漁業権エリア、そして支流の平出川を紹介する。

●雫石川（竜川）合流点～国道46号

シーズン初期、ダム湖から遡上したアメマス、ヤマメねらいの釣り人が多い。入渓点が分かりづらい。起点は葛根田橋右岸端から下流側に入る農道。ここから竜川合流点まで行くことができる。また農道を上流方面に走ると数箇所に駐車エリアがある。この道は車高の低い自動車では少々つらい。左岸側からのアプローチはさらに難易度が高いのでお勧めしない。

●国道46号新葛根田橋～石仏橋

支流・平出川合流の上下では水量が異なる。夏場はアユ釣りが多い。こちらも入渓点が分かりづらい。右岸側からは下から続く農道が旧岩持グラウンド付近の

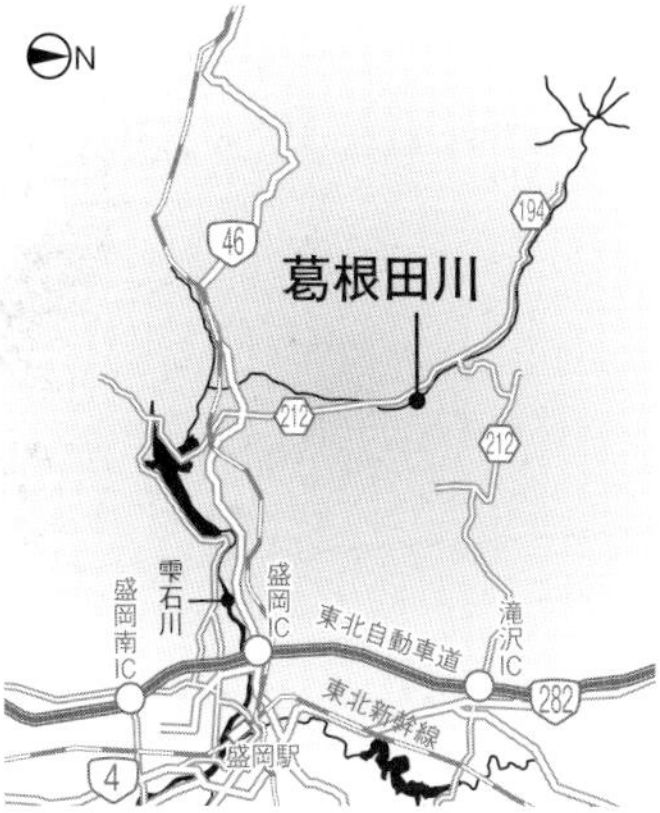

information

●河川名　北上川水系雫石川支流
葛根田川
●主な対象魚　イワナ、ヤマメ
●解禁期間　3月1日～9月30日
●遊漁料　日釣券1000円・
年券7000円
●管轄漁協　雫石川漁業協同組合
（Tel019-692-0569）
●最寄の遊漁券発売所　ファミリーマート雫石バイパス店（Tel019-691-1350）、セブンイレブン雫石バイパス店（Tel019-692-4711）、上州屋新盛岡店（Tel019-637-1130）
●交通　東北自動車道・盛岡IC下車。国道46号で雫石へ。県道212号で各釣り場へ

石仏橋より下流を望む。護岸や大岩、古い橋脚などが流れに変化を与えている

駐車場まで延びている。新葛根田橋直下、およびグラウンド付近のみ駐車できる。大淵が数箇所あるが、年により砂利に埋まるなどコンディションが異なる。左岸側からは、石仏橋左岸端より下流側に入る農道からアプローチする。川が見える場所には駐車スペースがある。

●石仏橋～矢筈橋（キャッチ&リリースエリア下端）

石仏橋右岸側下には整備された駐車エリアがある。護岸もあり、夏は家族連れで水遊びやピクニックを楽しむ人たちで賑わう。ここを起点に釣りを開始する人が多い。橋の前後に護岸や大岩、古い橋脚などストラクチャーが多くポイントを形成している。石仏橋より500mほど上流には通称・一本松と呼ばれる古いアカマツがあり、車で河原までアクセスできる。矢筈橋の下流には2箇所の堰堤があり、ポイントを形成している。

●矢筈橋～高橋

右岸沿いにアクセスできる道路がある

が、２０２０年現在は橋上流２００ｍ付近で通行止めとなっている。矢筈橋右岸上流の駐車スペースを起点にする釣り人が多い。左岸からのアプローチは、岩井花蒼前神社入口から入る駐車エリア、西長橋両端にある駐車エリアからがアクセスしやすい。西長橋右岸下流側に延びる農道からもアクセス可能であるが、ヤブがひどくお勧めできない。

旧上長山小学校横を流れる支流・内川沿いにもアプローチできる。内川は三面護岸の味気ない川だが水量が安定しており、渇水期は本流へのインレットがよいポイントとなる。

高橋付近から地図外の上流・篠川原頭首工は工事の跡が著しく、よいポイントが失われてしまった。さらに上流は夏場に発電取水のため水なしエリアとなる。

葛根田橋より竜川合流を望む。シーズン初期にはダム湖から遡上したアメマス、ヤマメもねらえる

葛根田川の尺ヤマメ（柴田氏提供）

●平出川

護岸が続く平坦な里川だが、本流よりもよく釣れることで人気の河川。伏流水が湧き出て、真冬でも藻が生えるスポットもあり、河床単位面積当たりの水生昆虫生息量は本流よりも相当多いと感じられる。よって、大雨で本流が増水した時などは、エサを求めて本流から多くの魚が差してくるものと考えられる。また、雪代期に本流が釣りにならない時期からシーズンを迎え、ライズも見られる。

周りがすべて田畑となっており、車は護岸沿い農道の広いエリアに駐車することとなるので、くれぐれも農作業車両の邪魔にならないようにして頂きたい。また、護岸を降りるハシゴの位置が限定されているので、入退渓点を確認のうえアプローチして頂きたい。基本的には堰堤前後の深みのある場所がポイントとなる。

葛根田川合流点から平出橋付近までは、この川の中では比較的変化に富んでおり、本流から差してきた魚が溜まりやすいと考えられる。上葛根田橋から上生堀橋付近は、蛇カゴの底面護岸が施され、根掛かりに悩まされる。大宮橋前後は変化があり、ねらいやすいポイントである。イブニングには、昼間は全く魚が見えなかったシャロー＆フラットで雨のようなライズが起こることもあり、この川のポテンシャルを感じさせる時がある。さらに上流で、荒沢と出合う。荒沢のほうが河川規模は大きく、平出川は用水路のようになり釣りづらくなる。

最後に、川の近くには、長山街道と呼ばれるさまざまな観光グルメスポットが連なるエリアがある。温泉やランチなど、家族連れで楽しめる場所にはこと欠かない。最高の1尾を得た後は、最高のソフトクリームと温泉を堪能して帰路に就かれることをお勧めする。また写真・情報を提供頂いた「Matt の手仕事工房」柴田氏にこの場を借りて感謝申し上げる。

（根子）

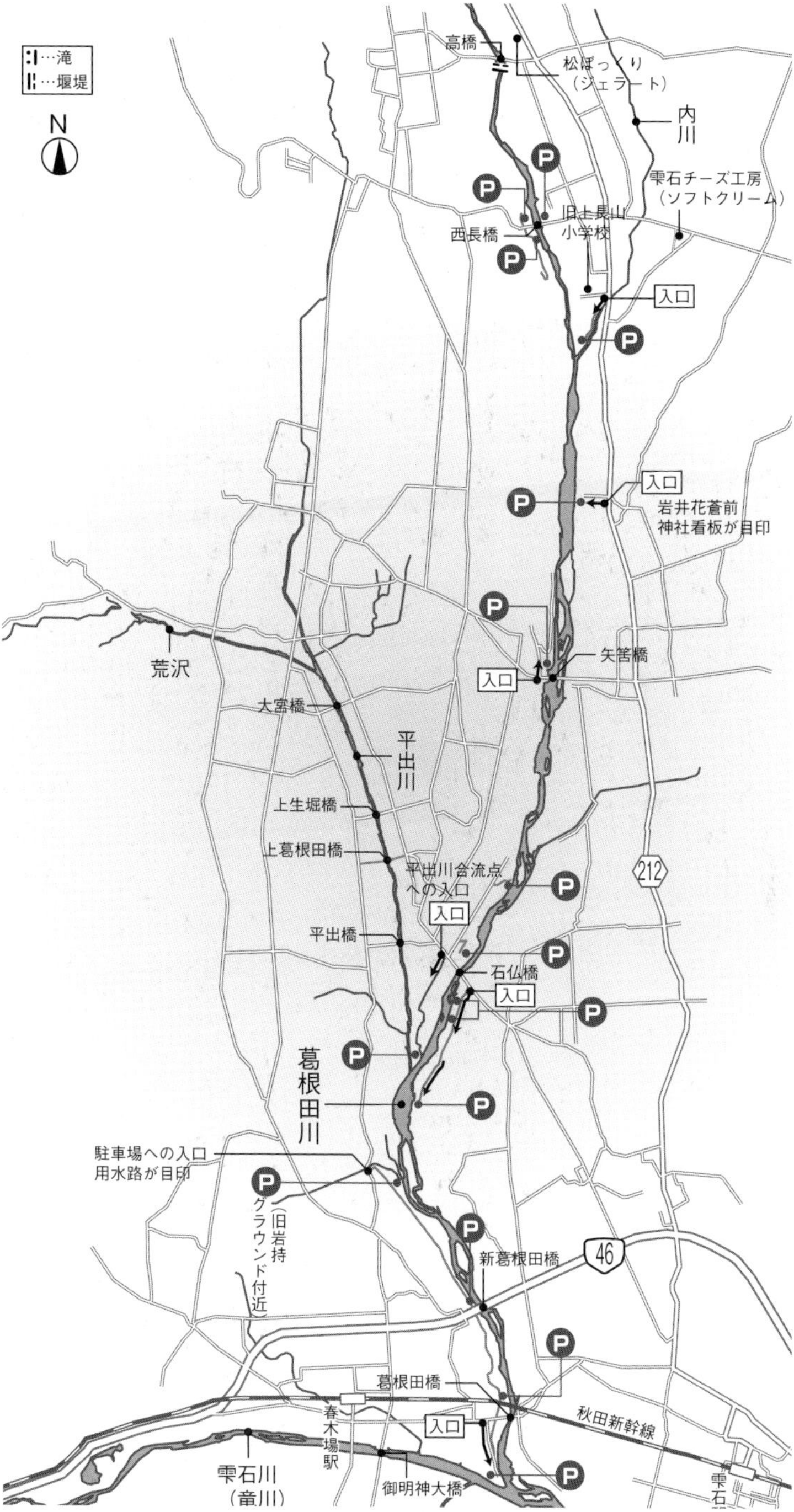

北上川水系
雫石川支流

竜《りゅう》川

大規模崩落から復活しつつあるヤマメ、イワナの渓
釣りキャンプも可能。温泉や宿泊施設も多数あり

竜川は雫石川水系の一大支流であり、7月に入っても山頂に残雪を遠望することがある岩手・秋田県境の横岳（駒ヶ岳外輪山）付近を源とする。数多くの支流・沢が流入し、年中水温が安定しているフィールドだ。中流域では葛根田川と合流して雫石川と名前を変え、御所湖に流入する河川である。

2013年、雫石川流域は集中豪雨で発生した大規模な崩壊により大きな被害を被った。2020年現在、約7年が経過し、タイミング次第では尺ものも釣れるようになってきている。今も堰堤工事が行なわれているが、やっと工事による濁りや土砂の流入も治まりつつあり、新たなスタートへの期待を込めてここに紹介したいと思う。

赤渕駅付近の流れ。水量がおさまる梅雨明けからが入渓しやすい。秋田新幹線の高架橋が見える

竜川のイブニングは、尺ヤマメがねらえる可能性も高い

●春木場地区〜
小赤沢橋はヤマメがメイン

まずは春木場地区から上流の日陰堰堤までは、ヤマメの釣り場。アユ釣りシーズンは賑わいを見せる区間である。アユ釣りでは、オトリアユに間違って大ヤマメが掛かることもあるようだ。入渓する

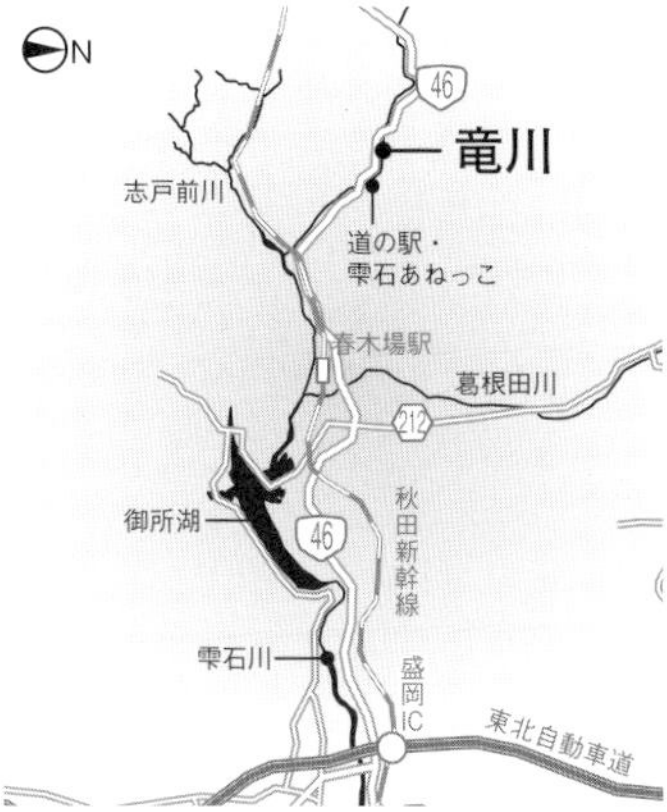

information

●河川名　北上川水系雫石川支流竜川
●釣り場位置　岩手県岩手郡雫石町
●主な対象魚　イワナ、ヤマメ
●解禁期間　3月1日～9月30日
●遊漁料　日釣券1000円・
年券7000円
●管轄漁協　雫石川漁業協同組合
（Tel019-692-0569）
●最寄の遊漁券発売所　ローソン雫石バイパス店（Tel019-692-6260）
●交通　東北自動車道・盛岡ICより国道46号線で竜川の各釣り場へ

なら梅雨入り前の6月からがお勧めだ。駐車スペースは、昇瀬橋を渡ると右岸に広い空地がある。

さらに国道沿いにある赤渕駅を過ぎると、左側に農道があり、下ると秋田新幹線の高架橋が見え、駐車スペースがある。先行者がいなければ優良な入渓点となる。ただ川幅も広く水量もあり、入渓するなら梅雨明けの水量が落ち着いた時期からがよいだろう。

この辺りからヤマメ、イワナの混生になり、タイミングが合えば数釣り、良型も充分に期待出来る区間だ。ここからゆっくり半日かけて小赤沢橋まで釣り上がれば、竜川の里釣りの雰囲気が楽しめるだろう。エサ釣り、ルアー釣り、フライフィッシング、どんなスタイルでも釣りやすい。

●橋場地区以遠は尺もののチャンスも

橋場地区に入ると、瀬や淵が連続する流れとなる。ここから上流が竜川のハイライトだ。国道46号沿いの左側には旧道の舗装道路があり、そこを駐車スペース

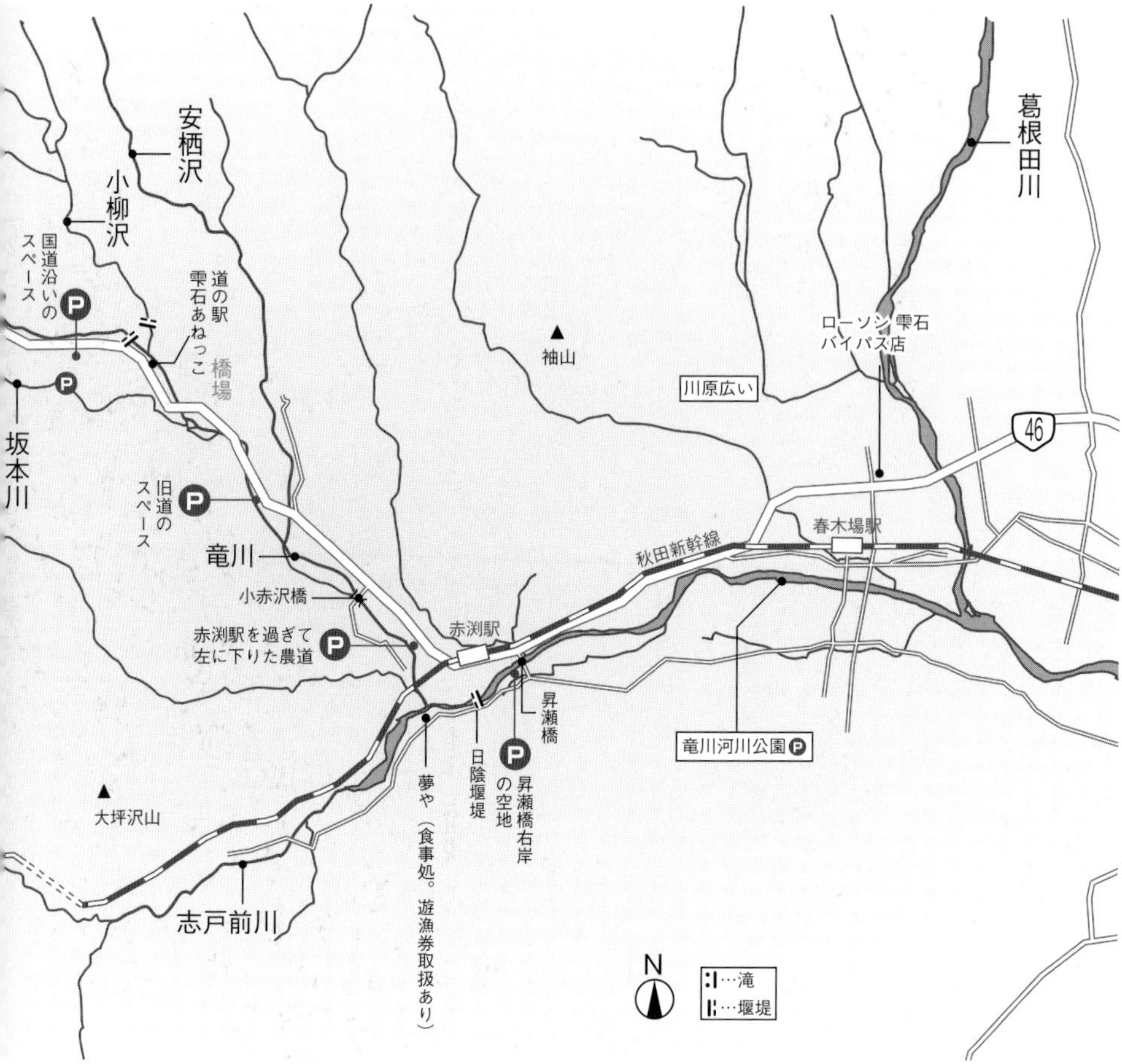

として上流に釣り上がればよい。梅雨明けから秋口にかけて、尺ヤマメ、尺イワナも充分に期待出来る。上流に進むと「道の駅雫石あねっこ」があり、ここを拠点に釣りキャンプも可能だ。温泉、食堂、売店、オートキャンプ場も併設され賑わいを見せている。道の駅あねっこ裏から入渓し、イブニングの釣りで思わぬ大ものに出会うチャンスもある。この区間は堰堤が続き、魚が溜まりやすいポイントとなる。さらに国道沿いには駐車スペースが多く、落差もないのでどこからでも入渓可能だ。ここまで来ると、竜川もイワナ一色の釣り場となる。

　上流へ進むと大平橋があり、渓相がよいポイントが続く。この先では大規模な堰堤工事が行なわれていたが、やっと落ち着きを見せてきた。今後期待出来る区間だ。さらに先は、大岩も見られ、安全面を考慮すると複数で入渓したほうがよいだろう。荒沢合流点付近には駐車スペースもあり、ピンポイントで堰堤下をねらうと尺イワナも期待できる。

　上竜川橋を渡ると左側に緩やかな斜面

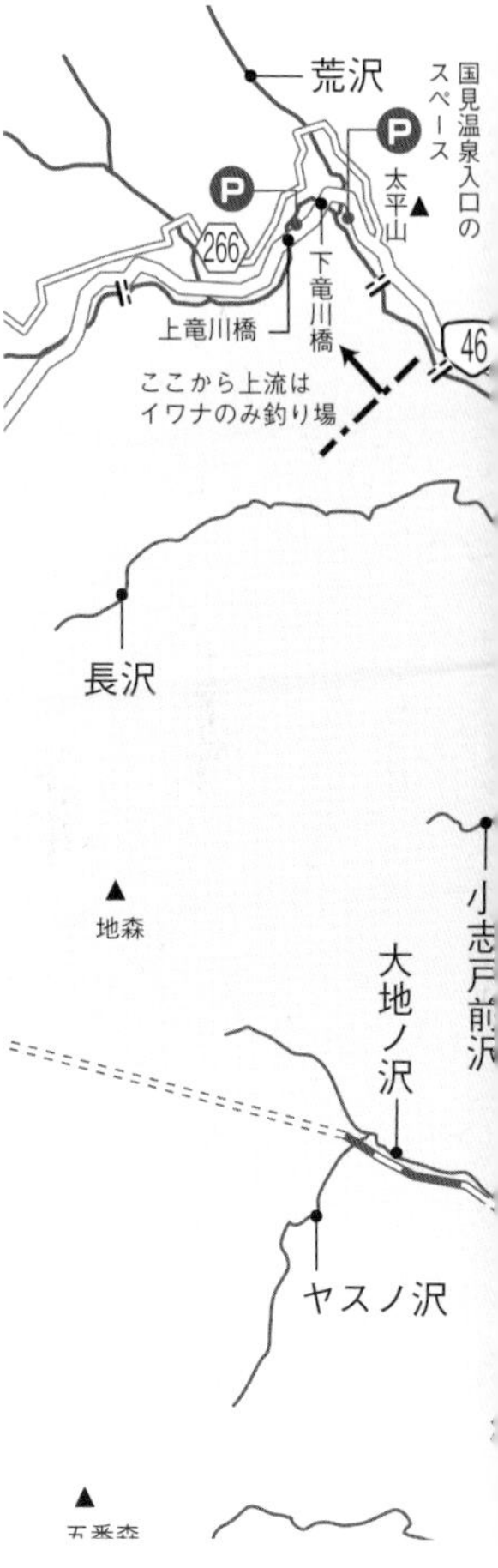

があり、楽に入渓可能だ。上流でも比較的穏やかな渓相の区間で、淵や瀬が連続する。ゆっくり半日釣り上がると大堰堤があり、堰堤下は必ずといっていいほど大ものが潜んでいるだろう。

　ここから国道と渓流の落差があり、退渓する時は川伝いに入渓点に戻ったほうが安全だ。

　今回は竜川本流を解説したが、流入する支流も多く、増水時期には本流差しも多く見られる。支流の釣りは奥に入渓するよりも、意外に合流点や、少し支流に入った辺りの区間が魚影が多くお勧めだ。支流の釣りは難しいことが多く、現地に詳しい方に案内して頂いたほうが釣果は伸びるだろう。また、竜川の各支流ではクマの目撃情報も多く、クマ鈴やクマ撃退スプレーを持っていると安心だ。

　竜川沿いには小柳沢キャンプ場があり、オートキャンプ場などで車中泊が可能。繋温泉、網張温泉、雫石プリンスホテルなどに宿泊して、釣行で疲れた身体を癒《いや》すことも出来る。周辺には釣り場が無数にあり、宿を拠点にするのもよいだろう。また最近は盛岡市内のビジネスホテルに宿泊する方も多い。夜は焼肉や盛岡冷麺を食べて、岩手の食の旅も楽しむことが出来るのでお勧めだ。

（澤口）

赤渕駅付近の流れ。川幅も広く水量もあり
大型のヤマメが付いている

橋場地区の流れ。旧道に入ると渓しやすい。
本流ヤマメがねらえる区間だ

上竜川橋上流のれ。こ区間はイワナだけの
釣り場になる。タミング次第で尺もねらえる

道の駅雫石あねっこ上流の流れ。この区間
はヤマメとイワナの混生となる

気仙川水系

気《け》仙《せん》川

三陸道全線開通で遠方からも身近なフィールドに！ロングコースと多くの支流群を解禁当初から満喫

鏡岩せせらぎ公園前の流れ。ロングコース【1】のスタート地点となる

２０２１年３月６日に復興のシンボル・気仙沼湾横断橋が開通すると、いよいよ三陸道が全線開通する。仙台から三陸道・陸前高田ICまでは自動車専用道路で１５０km、宮城県内からも一気に気仙川が身近な川となる。

陸前高田ICを降りれば、すぐに気仙川下流のフィールドが始まる。本流ヤマメでかねてより名を知られたポイント群を横目に北上すると、陸前高田ICから30kmで鏡岩せせらぎ公園に至る。そこから源流部の滝観洞までの9・5km間は、行き止まりも2箇所程度。いずれも簡単に回避可能で、ロングコースを堪能できる。

気仙川は、高清水山を水源に、住田町中心部・世田米地区を流れ、陸前高田市中心街から広田湾に注ぐ全長44km、多くの支流を持つ二級河川。岩手南部を代表する清流で、多くの釣り人が全国から訪れている。河口部には復興により再生した中心市街地・アバッセたかたが開業し、釣行時の飲食や買い物に便利だ。

岩手南部の沿岸河川は雪代の影響が極めて少なく、3月から釣りが楽しめる。

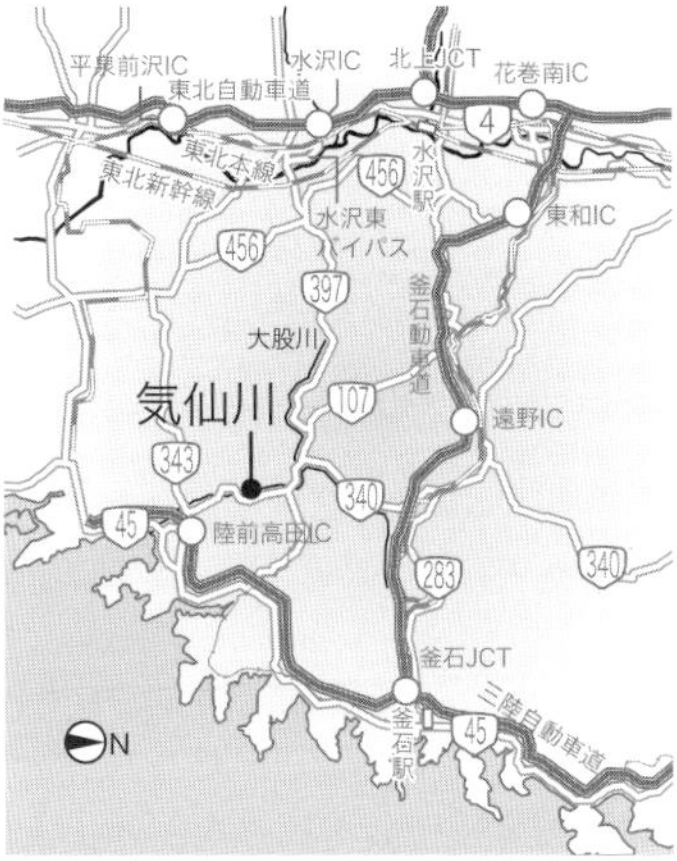

information

●河川名　気仙川
●釣り場位置　岩手県気仙郡住田町～陸前高田市
●主な対象魚　イワナ、ヤマメ
●解禁期間　3月1日～9月30日(6月1日～30日までは川止め期間で本流・支流とも全面禁漁)
●遊漁料　日釣券1100円・年券7000円
●管轄漁協　気仙川漁業協同組合（Tel0192-46-3841）
●最寄の遊漁券発売所　セブンイレブン高田竹駒店（Tel0192-55-7011）、ローソン高田竹駒店（Tel0192-54-4005）
●交通　東北自動車道・水沢ICより水沢東バイパス、国道397号、107号を経て住田町で国道340号に入り気仙川の各釣り場へ。または三陸道陸前高田ICより国道340号北上で住田町へ

その代表がこの気仙川で、フライフィッシングなら初期からルースニング（ニンフの釣り）はもちろん、日中ならドライフライにも魚が飛び出してくる。また、この季節はヒカリ（サクラマスの幼魚）が中下流部で遊んでくれる。ぜひ、気仙川でシーズン開幕を満喫してほしい。

●6月の川止めに注意

沿岸河川の特性もあってか、周辺河川よりピーク時期が少し早いようだ。藤の花が咲くと魚が上を向くようになる。藤の花はゴールデンウイークくらいから咲き始め、その頃は、まだ樹木が被らない支流の小渓流で楽しむとよい。

流程の長い気仙川は多くの支流を抱え、すべての支流にヤマメやイワナが入っている。

1つ注意すべき点があり、それは、気仙川とすべての支流で6月1日から30日まで「川止め」と称して全面禁漁になることだ。この期間は釣りができないので注意してほしい。

本流中流域の風景。世田米地区は本流ヤマメの主戦場となる

桧山川との出合。ここまで釣り上がり、中埣橋の脇から県道に退渓できる

したがって、7月1日はシーズン2回目の解禁ともいえる。アユの解禁と重なり多くの人で混雑するが、上流部は渓流の解禁をもう一度味わえ、渓流釣りファンには「二度おいしい川」といえる。

●推奨コース

ロングコース1（鏡岩せせらぎ公園から桧山川合流点まで3・4㎞）

県道167号沿いの鏡岩せせらぎ公園をスタート地点にするとよいだろう。駐車も問題なく、トイレもあり、テント場としても最適だ。ここから、金の倉橋までの2㎞ほどの間には鹿害防止柵がずっとある。そのため、公園から500m上流（サイロ前）に1箇所、1・6㎞先の大滝の見学用出入口の1箇所以外は入退渓が制限される。

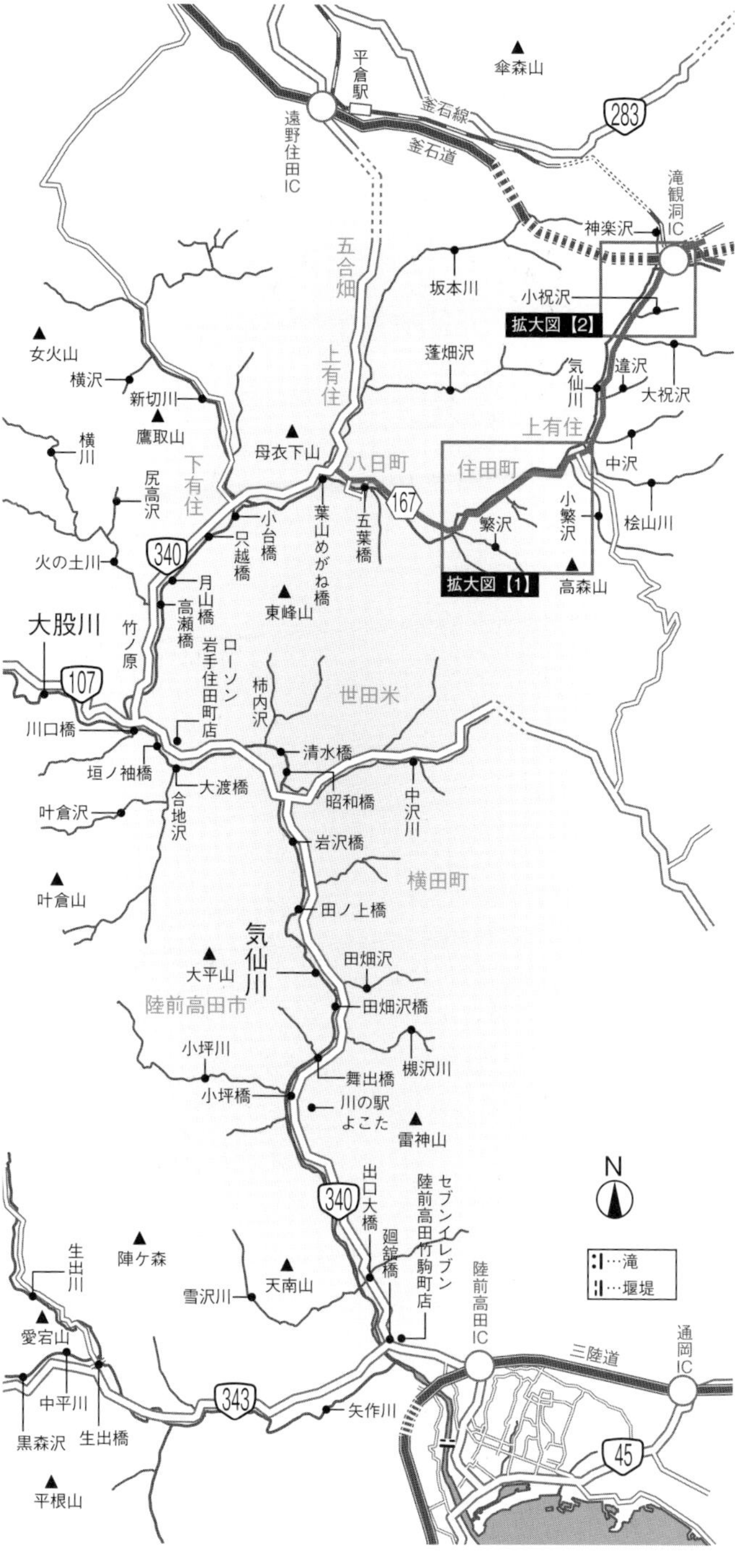

金の倉橋から上流を望む。橋から 200 m先くらいで通ラズになっている

大滝上流の風景。見学用出入口の 1 箇所以外は入退渓が制限されている

中埣橋周辺の渓相を望む。橋の脇から県道に出ることが可能だ

桧山川との合流点。この上流までイワナとヤマメが混生で釣れてくる

大滝を過ぎて600m釣り上がったら、金の倉橋でいったん退渓しよう。渓は橋から200m先くらいで通ラズになっている。また、この地点から上流に鹿害防止柵はない。そこで県道に上がり、入れそうな場所から再度入渓、桧山川合流点まで釣り上がり、中埣橋の脇から県道に出てコース終了となる。

ロングコース2（大祝沢合流から、釜石自動車道手前まで2・1㎞）

最上流部で、イワナとヤマメの混生域。少し山岳渓流の感じになるが、流れは県道のすぐ脇だ。このコースは鹿害防止柵もなく、任意の場所からすぐ入退渓できる。釣り上がって行くと、やがて目の前に釜石自動車道が現われ釣りは終了。ここから上は、終点の釜石自動車道の川のトンネルをくぐり抜けた先の滝観洞まで魚はいるが、川幅も小さくなる。

●その他

鏡岩せせらぎ公園の下流域にも釣り場はたくさんある。大股川合流点から有栖中学（坂本川合流点）を経由し、せせら

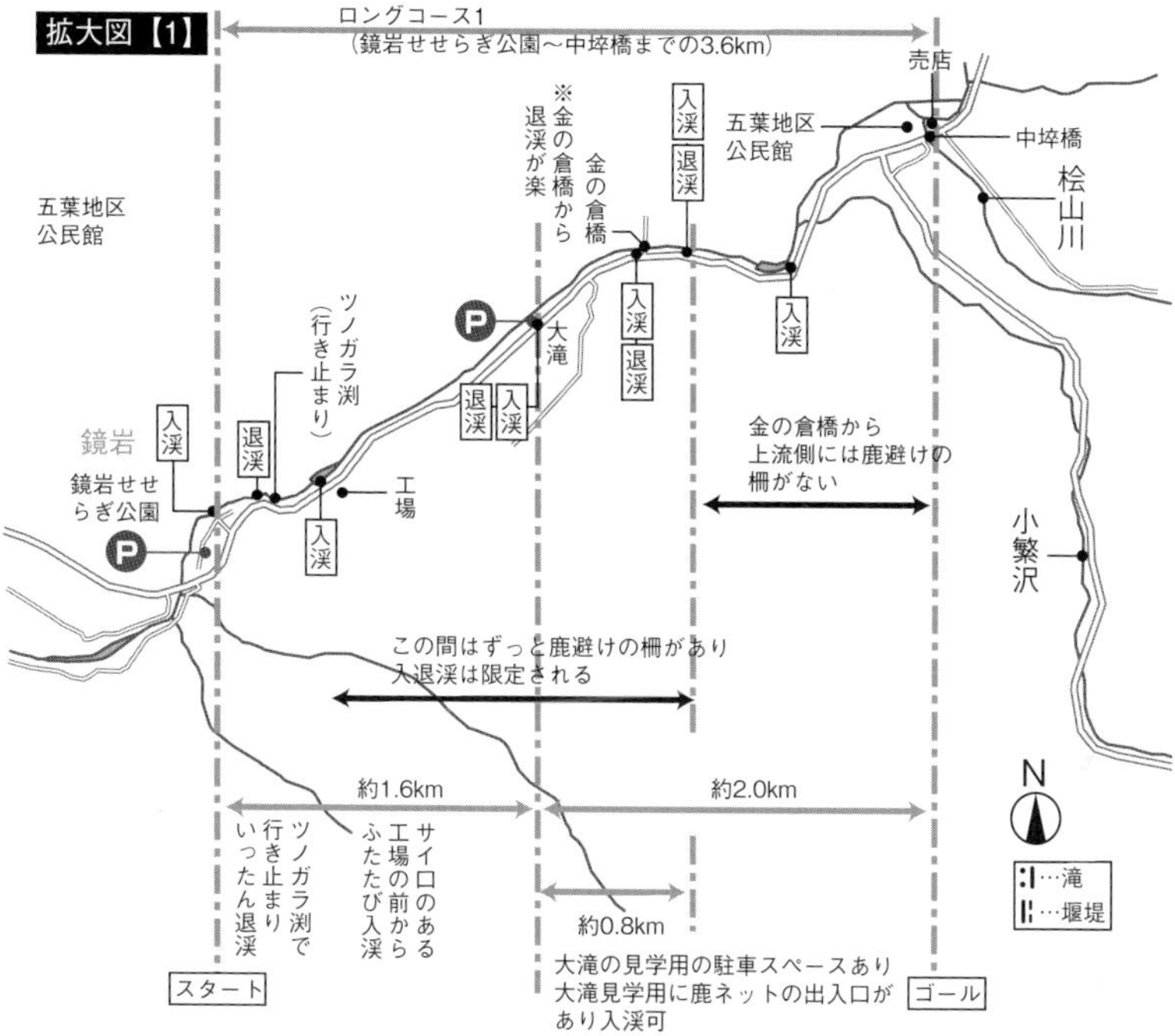

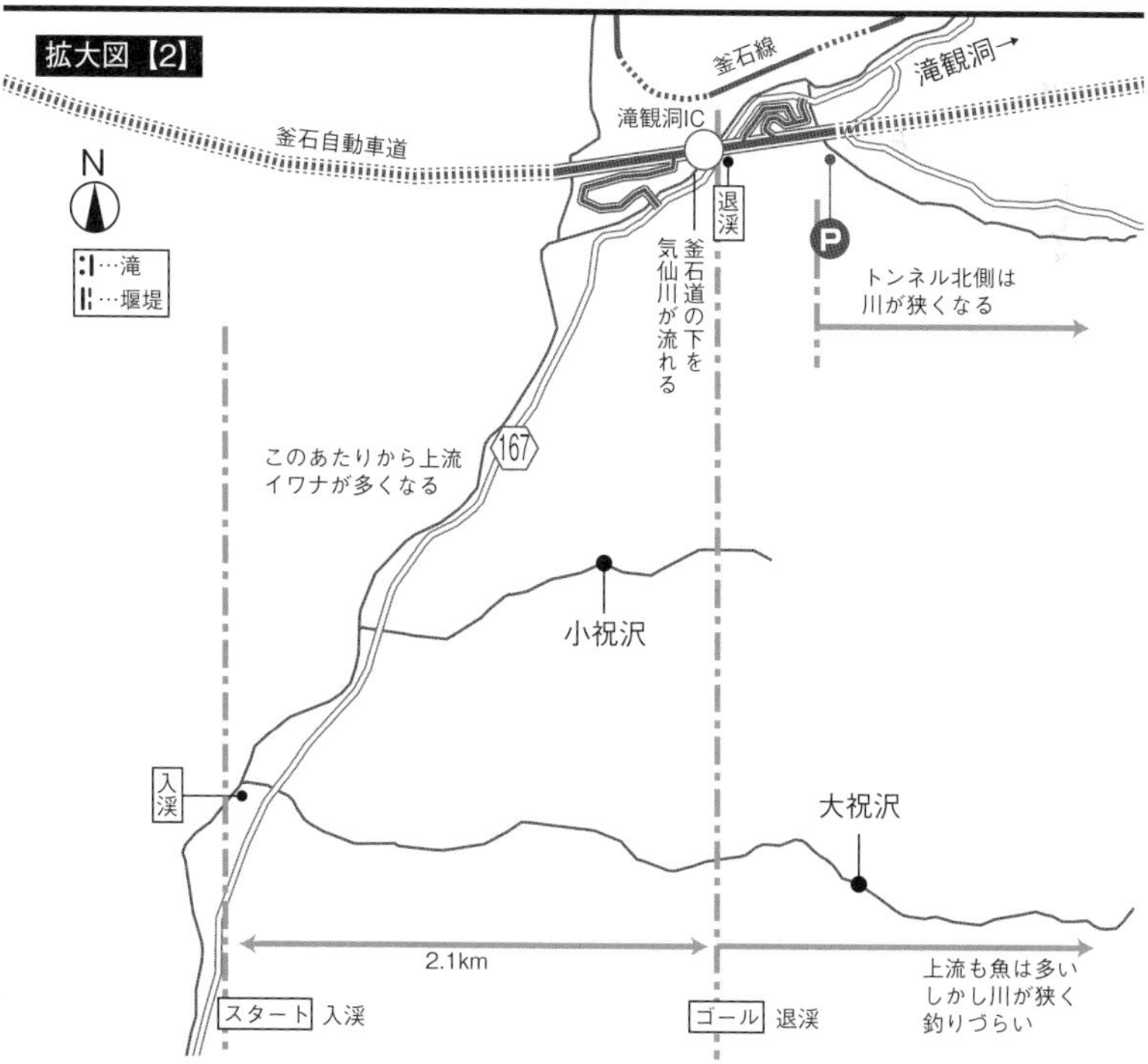

ぎ公園まで、その間ずっとヤマメ釣りをしている人を多く見かけるだろう。ゆったりとした里川の釣りになる。

本流釣り志向の方は、舞出橋周辺、昭和橋周辺がいいと思う。かつての渓流バトル（釣り大会）の名物ポイントだ。

坂本川や火の土川などの支流も比較的魚影が多いので、試してみてほしい。

（辻）

気仙川支流

矢《や》作《はぎ》川

気仙川本流増水・濁り時のエスケープ河川としても重宝 廃校利用の宿泊施設をベースに3河川を回りたい

山崎大橋上流部の渓相。浅瀬、トロ場が続く緩やかな里川の流れだ

矢作川は気仙川の支流で、陸前高田市竹駒地区にて気仙川と合流する。三陸道・陸前高田ICからは、国道340号経由でセブンイレブン陸前高田竹駒町店を目印に廻舘橋を渡れば、矢作川左岸側を並行する国道343号に入る。そのまま進むと、やがて上流部の二又地区で国道は県道246号に分岐する。国道343号をそのまま一関方面に進むと中平川、県道246号に入ると生出川となる。

梅木橋上流の流れを望む

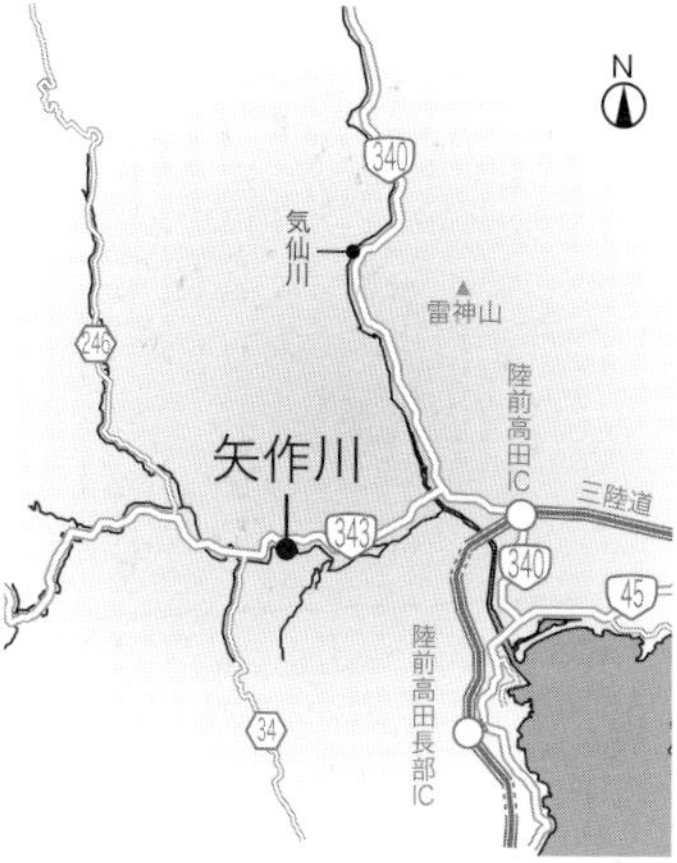

information

●河川名　気仙川支流矢作川
●釣り場位置　岩手県陸前高田市
●主な対象魚　イワナ、ヤマメ
●解禁期間　3月1日～9月30日（6月1日～30日までは川止め期間で全川禁漁）
●遊漁料　日釣券1100円・年券7000円
●管轄漁協　気仙川漁業協同組合（Tel0192-46-3841）
●最寄の遊漁券発売所　セブンイレブン高田竹駒店（Tel0192-55-7011）
●交通　三陸自動車・陸前高田ICより国道340、343号で矢作川へ

気仙川本流と同様，矢作川も6月1日～30日の間は川止めにより禁漁となるので注意してほしい。

矢作川、生出川、中平川の3河川は、気仙川本流と比較して雨による増水や濁りの影響が少ない。若干の増水ならかえって魚の活性も上がるので、遠路、気仙川まで来て濁り等で本流が釣りづらい時は、この3河川を回ってみるのがよいかもしれない。

宿泊は、旧矢作小学校を活用した陸前高田市営の二又復興交流センターがおすすめ。廃校になった小学校が交流センター、宿泊施設になっていて安価で宿泊できる。校舎に泊まれるという楽しみのほかに、矢作川、中平川、生出川の出合のすぐそばという立地が素晴らしい。ここを起点に、周囲3河川すべてが釣り場となるからだ。フライフィッシングの方にはイブニングの釣りも至近で好都合（申込先＝二又復興交流センター「TEL 0192・58・2590」※2020年8月より当面の間、一般宿泊利用は休止）。

梅木大橋上流のカーブ。人気のポイントでサオをだす釣り人も多い

梅木トンネル上流の流れ。ほとんどヤマメの川となる

中平川・愛宕下橋の流れ。 このあたりから上流が好ポイントの連続するエリアだ

生出川と矢作川の合流付近

●矢作川の釣り場

梅木橋から生出川合流点までの約2㎞区間が釣り場で、ほとんどヤマメの川。左岸側にある国道343号を上流に向かって走行すると、左手に梅木橋が見えてくる。橋を渡ると広い駐車スペースがあるので車を停めやすい。

梅木橋直下から釣り始めるとよいだろう。川は大きくカーブを描き、梅木トンネル出口で国道343号と交差する。この辺りから山崎大橋までは、変化に富んだよいポイントだ。山崎大橋上流からは緩やかな里川状の流れになり、遡行も安全で足場もよい。陸前高田の風景を楽しみながら、生出川出合まで釣り上がって行こう。

山崎大橋のたもとにも大きな駐車スペースがあるので、途中で先行者に出会う可能性もある。適宜、入退渓を工夫しながら楽しんでほしい。

●中平川の釣り場

生出川の合流点からすぐ釣り場が始まる。黒森沢合流点までの2・7㎞がコー

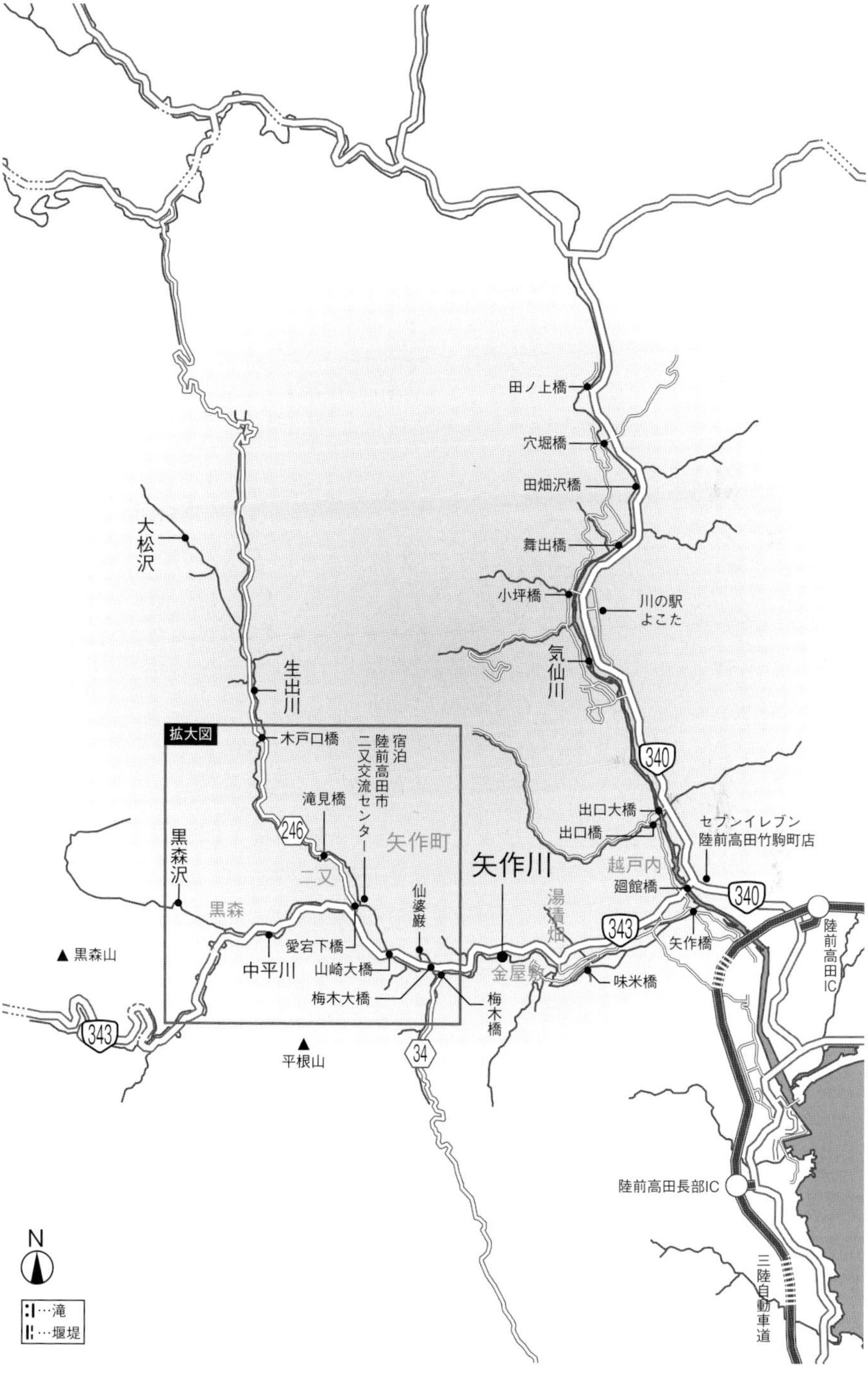
田ノ上橋
穴堀橋
田畑沢橋
舞出橋
小坪橋
川の駅
よこた
気仙川
大松沢
生出川
拡大図
木戸口橋
宿泊
陸前高田市
二又交流センター
滝見橋
246
矢作町
二又
黒森沢
黒森
愛宕下橋
中平川
山崎大橋
仙婆巌
梅木大橋
梅木橋
矢作川
金屋敷
湯清畑
越戸内
340
出口大橋
出口橋
セブンイレブン
陸前高田竹駒町店
廻館橋
矢作橋
343
味米橋
陸前高田IC
黒森山
平根山
34
陸前高田長部IC
三陸自動車道
N
…滝
…堰堤

中平川・一ノ渡橋より下流を望む。入渓しやす渓相となっている

中平川・中平橋から上流を望む。釣り人をあまり見かけない穴場的な渓だ

生出川・滝見橋の入渓点から流れを望む

中平川・おおぶち橋上流の渓相。メリハリのある流れが出てくる

スとしては釣りやすい。結構釣れるのだが、誌面等で紹介されることが少なく、そのせいか人をあまり見かけない穴場的な川だ。黒森沢合流付近までがヤマメ、その先はイワナの川になる。

魚は上流域まで釣れ続くが、生出川出合付近のほうがサイズが大きく、上流に行くほど小型になる。川は一関へ向かう国道343号と並走しているので、入退渓は容易。中平橋や一ノ渡橋のたもとから入渓するとよいだろう。

黒森沢はイワナの川だが、総じて型は小さく、あえて入渓する必要はないと思われる。

中平川は車を停められる場所が少なく、道路脇の河川敷に車1台程度のスペースが数箇所あるだけなので、駐車には充分注意してほしい。

●生出川の釣り場

ヤマメの川。いかにも釣れそうな雰囲気なのだが、実は3河川の中で一番釣れない気がしている。春先からエサ釣りの車が並び、多くの釣り人が訪れるので早

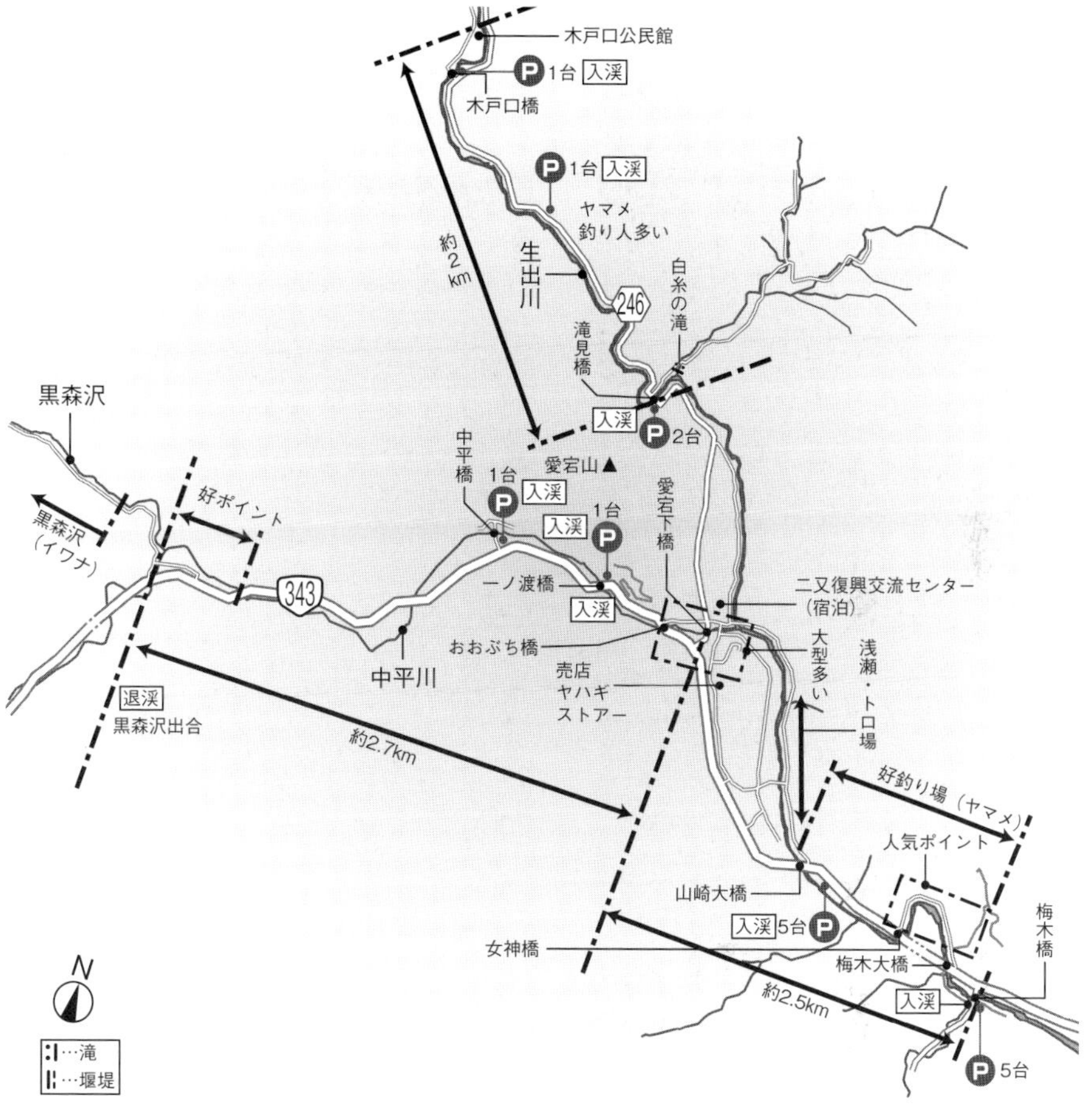

期に枯渇してしまうのだろう。シーズンはじめか秋口の入渓をお勧めする。釣り場としては、白糸の滝上流の滝見橋からが楽しい。橋のたもとには、複数台駐車できるスペースもある。

木戸口公民館手前辺りまで、約2・5km蛇行する川を釣り上がることが可能。県道がすぐ横を走っているので入退渓には不自由しないが、高低差のある護岸の箇所が一部あり、そこは避けたい。渓相はよく、美しい流れの川だ。

生出川も駐車可能な場所は非常に少ないので注意してほしい。（辻）

生出川は県道がすぐ横を走っているので入退渓に不自由しない渓だ

単独河川

甲《かっ》子《し》川

解禁初期から活性が高まりやすい沿岸河川
釜石自動車道全線開通で東北道からのアクセスも容易に

洞泉駅上流の渓相。流程の短い渓だが、上流部に行くほどダイナミックな流れが楽しめる

岩手県の三陸海岸に沿って南北に連なる北上山地。そこに属する大峰山を水源に南側斜面を下り、枯松沢川、荒川、小川川等の支流と合流し、釜石市内を通り、太平洋・釜石湾へと流れる沿岸南部の単独河川が甲子川である。

水源には旧釜石鉱山跡地があり、そこから湧き出る源流は分厚い石灰岩のフィルターを数十年かけて染み出たといわれ、流れは限りなく透明。そこで育まれた渓魚は鼻先から尾ビレの先端まで甲子の、川としての力が感じられるほどである。水質のよさと清冽な流れ、渓魚の美しさが甲子川の大きな魅力である。

秋口に釣れた尺ヤマメ。清流に育まれた美しい魚体をしている

●早期から瀬に魚が入りやすい

源流から河口までの流程は25㎞ほどとさほど大きな川ではなく、下流からほぼ上流部の陸中大橋駅の上までヤマメとイワナの混生である。下流では海から遡上

information

●河川名　甲子川
●釣り場位置　岩手県釜石市
●主な対象魚　ヤマメ、サクラマス
●解禁期間　3月1日～9月30日
●遊漁料　漁業権は設定されていないが、釣具オヤマにて協力金を納め入川したい
●管轄漁協　なし
●最寄の遊漁券発売所
　釣具オヤマ（Tel0193-23-7754）
●交通　釜石自動車道・釜石仙人峠ICより国道283号で各釣り場へ

したアメマスや、時に降海型のニジマス、スティールヘッドが確認されている。中流部の釜石高校や松倉駅付近、その上流の洞泉駅周辺や大松地区では早期からライズが見られ、ヒカリ、ヤマメ、イワナが釣れる、イワナの中にはヤマメと間違えるほどの銀ピカのアメマス系も混じり、魚体の美しさに驚くほどである。

上流へ行くにしたがい、平均サイズはやや小ぶりになるが大型の魚も居着いており、大場所の肩やカケアガリなどに付いていることがよくあるので気を抜かず、距離を取りつつねらうことが肝心である。

下流から中流部の唄貝地区までは瀬の多い渓相で、唄貝地区より上流側は若干落差が出てくるものの、ロッド（フライ）が振りにくくなるほどではない。

唄貝地区より上流から川幅が次第に狭まり、日陰となる場所が多く水深のあるポイントが現われるので、ライズをねらう釣りであれば早期以降がお勧めである。

甲子川の特徴として、内陸河川よりも温暖な気候で、瀬の多い平坦な区間が多いことから、日が差せば河原の石が温め

下流域の流れ。アメマスやスティールヘッドが遡上することもある

上流域の渓相を望む。大場所の肩やカケアガリに大ものが付いている

られ、水温の上昇に伴い水生昆虫の羽化が早期より起こりやすいと感じられる。条件がよければ解禁当初よりライズも見られ、たとえ水中で釣る場合でも、解禁初期から深すぎない瀬に魚が入るので、ドライフライに出なくとも軽めのニンフで軽快に釣り上がるのもよい。透明度が高く浅場に付くことが多いため、慎重なアプローチが必要となりがちだが、条件が悪くならない限り魚が流下するエサに反応する守備範囲は広く、積極的にエサを追うことが多い。甲子川は「明るい魚」が多い川なのである。

入渓においては国道283号が川沿いに通り、落差もほとんどないことから、どの区間でも容易である。2019年には釜石自動車道が全線開通し、東北道からのアクセスも容易となった。釜石仙人峠ICを降りると甲子川の中流部に出るので、その日の状況次第で上へ行くも下に行くも釣りの組み立てがしやすい。

●資源管理に協力を

甲子川には漁協がなく、地元有志によ

り放流と管理がなされている。訪れる釣り人の協力金が放流資金であり、釣行時は少額でも協力をお願いしたい。募金は釜石市甲子町にある釣具オヤマで受け付けている。

岩手の沿岸河川全般にいえることだが、ここ数年の台風による河川への被害が非常に大きく、土砂の流出などで魚影の少なくなった区間、道路や護岸が壊されてしまった場所も多くある。現在も修復工事が各所で行なわれ、まだこの先も続くと思われる。甲子川にかつての魚影を復活させるためにも、釣行の際には協力金の寄付を再度お願いしたい。

最後に。旧釜石鉱山跡地から湧き出る良質な水はほぼ無加工でボトル詰めされ、仙人秘水というミネラルウオーターで販売されている。甲子の魚と同じ水を飲んで釣りに挑めば、魚の気持ちがほんの少し分かる気がするかも？　効果のほどは保証できかねるので悪しからず……。

（石田）

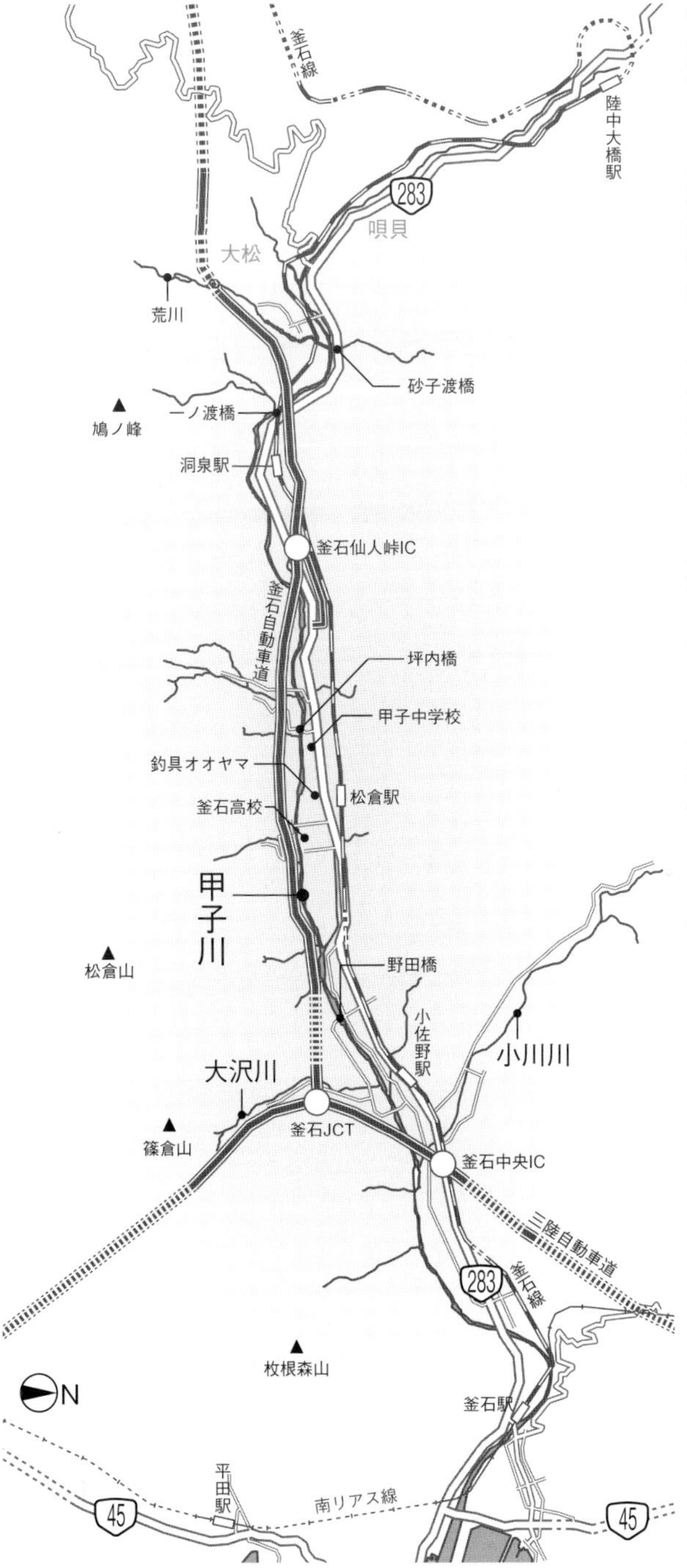

単独河川

鵜《うの》住《すま》居《い》川

沿岸南部で気仙川に次ぐ規模の独立河川
ヤマメとイワナの混生。最上流部にはキャンプ場も

鷲の滝発電所付近の渓相。鵜住居川の中でも最もダイナミックな流れを見せる

釜石市の最も北側に位置する鵜住居川は、岩手県の沿岸南部では気仙川に次いで長く、流程約29㎞、渓相ともに規模の大きさを誇る単独河川である。北上山地の大峰山を水源とし、北側斜面を流れ、赤柴川合流までは青ノ木川、その下流から橋野川と名を変え、さらに釜石市栗林町で鵜住居川と呼び名が変わる少々面倒な川であるが、釣り人としては上流まで

早期にニンフで釣れたヤマメ。底を丁寧に流すと良型に出会える

information

●河川名　鵜住居川
●釣り場位置　岩手県釜石市
●主な対象魚　イワナ、ヤマメ、サクラマス、アメマス
●解禁期間　3月1日～9月30日（6月1日～アユ解禁まで川止めあり）
●遊漁料　日釣券1500円・年券5500円
●管轄漁協　鵜住居川漁業協同組合（Tel0193-28-4532）
●最寄の遊漁券取扱所　佐藤商店（Tel0193-57-2162）
●交通　釜石自動車道・遠野ICより国道283号、県道35号で笛吹峠を越える。ただし令和2年４月の土砂崩壊により笛吹峠は通行止め中。そのため三陸自動車道釜石北ICより県道35号で釣り場へ

鵜住居川として呼ぶことが一般的である。上流から下流に下るにつれ、多くの支流を有することも鵜住居川の特徴である。

●解禁初期は低活性

岩手県は都道府県で北海道に次いで広い面積を誇るのだが、実は森林面積も同じく北海道に次いで広いのである。それだけ豊かな自然が残り、豪雪地帯から雪のほとんど降らない地域もあり、それぞれの川には個性ともいえる特徴があるのだ。早期から魚の活性が高い川、夏でも水温の低い川、岩手にはさまざまな渓流があり、その川の「旬」を追い求め、県内だけで早期から禁漁までのシーズンを通して楽しめるのは、釣りを嗜《たしな》む者として幸せなことなのである。

そんな多彩な川の中で、鵜住居川は渓流解禁初期、内陸よりも温暖な気候で比較的水温の高いとされる沿岸河川の中でも、水温上昇は穏やかで低水温気味である。上流へ行くに従いその傾向は強くなるのだが、日当たりの悪い北側斜面を水源とする

栗林地区の流れを望む。下流部から上流部までヤマメとイワナの混生で楽しめる

ことも1つの要因であると考える。同じ大峰山を水源とし、南側斜面を流れるお隣の甲子川と比較すると、水温が3℃以上違うことも珍しくない。よって、山に雪が多く残る解禁初期は川底付近をねらうスローな釣りになりがちである。

しかしながら、始まりの遅い川ほどひとたび活性が上がると、一気に活気付くもの。鵜住居川はシーズン初期の沈黙の後、渓魚が湧きあふれるほどのライズの嵐を目の当たりにすることが出来る可能性を秘めている。下流部から上流部までヤマメとイワナの混生であり、春先は河口から橋野町までの広い範囲でヒカリが釣れる。河口から6㎞ほどの区間は穏やかな流れで川幅があるため、流し毛バリや、フライであればウエットフライでヒカリをねらうのが面白いであろう。

●最上流部にはキャンプ施設も

橋野町を過ぎて上流へ向かうと、次第に落差のある渓流へと流れが変わる。鷲の滝発電所付近は大淵が点在するダイナミックな流れとなり、数は出ないものの

早栃地区の渓相。水温上昇は穏やかで低
水温気味のため、開けた浅場はねらいめ

大ものねらいで挑みたい場所である。夏場は発電取水のため水量が枯れ気味となるが、雪代や増水時などはチャンスになる。

発電所より上流は次第に川幅が狭まり、ヤブと枝が張り出しロッドを振りにくい場所が出始めるが、民家の点在する近辺は大型のヤマメが秋口に釣れる区間であり、侮れない。そこから釣り場としての最上流部までは小型〜中型中心になるが、尺を超える大ものが出ることも珍しくないので気を抜かず挑むべきである。

青ノ木グリーンパークの入口の看板付近まで登ると、さすがに渇水期では水量が乏しく釣欲を削がれるほどになってしまうが、大雨で増水し、下流で釣りにならない時などはこの区間で何度か助けられたことがある。釣り上がれる距離は短いものの、いざという時の逃げ場所として押さえておくと役に立つ時があるかもしれない。

また、最上流部には青ノ木グリーンパークという寂れたレジャー施設がある。テニスコートや遊具施設があり、隣接す

上流部は落差のある流れが待っている

最上流部の流れを望む。発電所より上流は次第に川幅が狭まり、ヤブと枝が張り出し渓へと変わる

鵜住居川の目覚めは遅い。しかし、ひとたび活気付くとライズの嵐を目の当たりにできる

るキャンプ場も無料で利用できる。川沿いには古めかしい石で出来た一見何か分からないものがあるのだが、2015年にユネスコ世界遺産に登録された橋野高炉跡である。幕末から明治にかけ、釜石の鉄の歴史を支えた日本最古の洋式高炉であるらしい。ここを拠点に世界遺産の観光と、キャンプと釣りを組み合わせれば家族連れも満足できるであろう。子供に釣らせた魚の塩焼きを添えれば、将来の釣りの相棒も出来ること間違いなしである。普段釣りに行くことに肩身の狭さを感じているお父さんならば、鵜住居川で子供に釣りの楽しさをこっそり植え付ける計画などいかがだろうか？

最後に、鵜住居川へのアクセスは遠野市から笛吹峠を通ることになるのだが、道幅が狭くカーブがきつい難所で、早期は冬装備なしでの峠越えは危険である。また、2020年度も笛吹峠は通行止めとなっており、釜石側からしか行けない。通行止め情報は釜石市のホームページで確認できるので、事前にチェックしておくとよいだろう。

（石田）

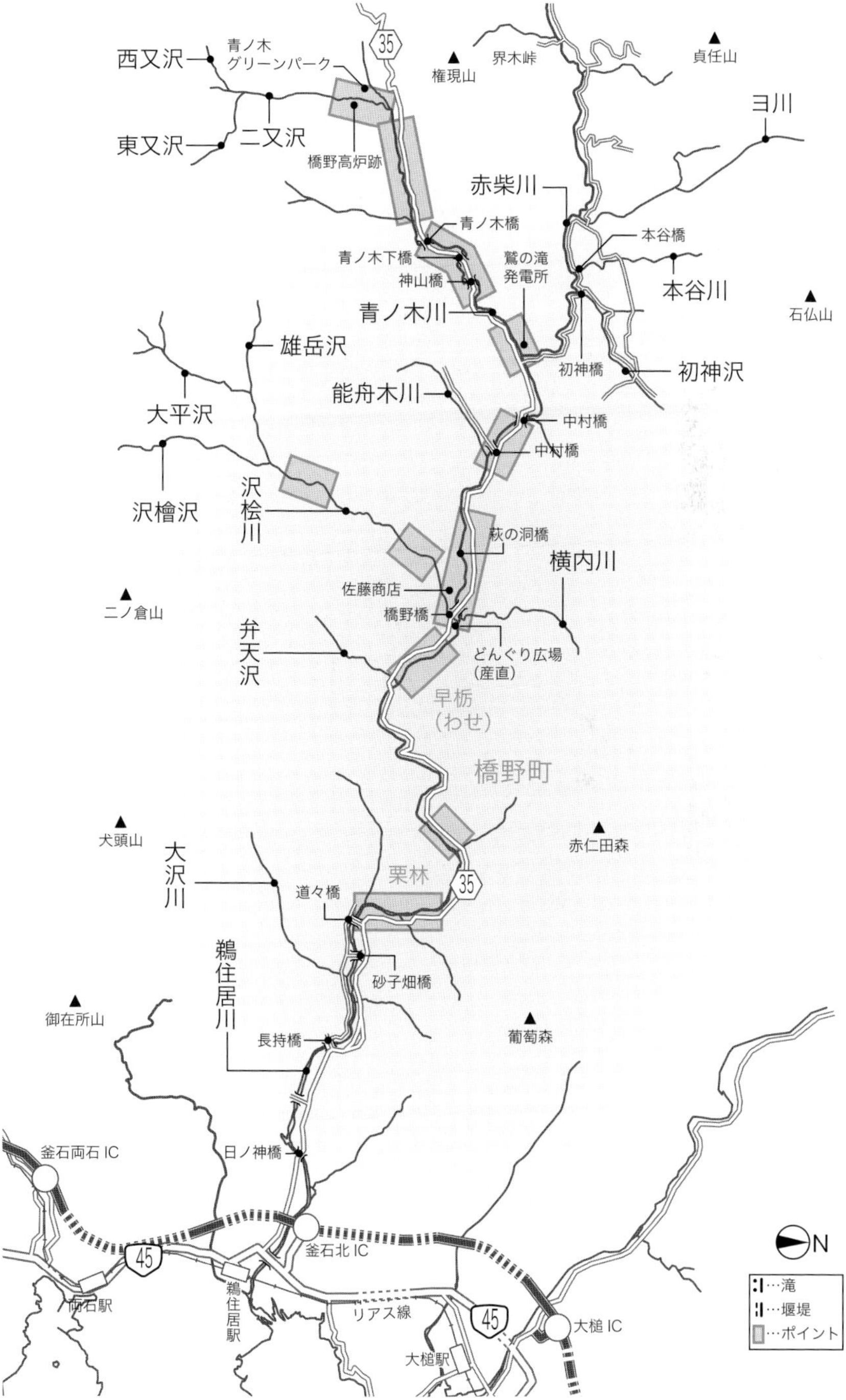
35
西又沢
青ノ木
グリーンパーク
権現山
界木峠
貞任山
東又沢
二又沢
橋野高炉跡
ヨ川
赤柴川
青ノ木橋
本谷橋
青ノ木下橋
鷲の滝
発電所
神山橋
本谷川
青ノ木川
石仏山
雄岳沢
初神橋
初神沢
大平沢
能舟木川
中村橋
中村橋
沢檜沢
沢桧川
萩の洞橋
横内川
佐藤商店
二ノ倉山
橋野橋
弁天沢
どんぐり広場
(産直)
早栃
(わせ)
橋野町
犬頭山
赤仁田森
大沢川
栗林
35
道々橋
砂子畑橋
鵜住居川
御在所山
葡萄森
長持橋
日ノ神橋
釜石両石 IC
釜石北 IC
45
両石駅
鵜住居駅
リアス線
45
大槌 IC
大槌駅
N
…滝
…堰堤
…ポイント

閉伊川水系

御《お》山《やま》川

尺イワナとの出会いも期待できる自然豊かな支流
盛岡市内からのアクセスもよく周辺の温泉も楽しめる

閉伊川水系の御山川は、早池峰山、中岳、鶏頭山を源とし、門馬地区の閉伊川本流に注ぐ支流だ。源流部は落差のある谷で、イワナも生息しているが、今回は初心者にも入渓しやすい下~中流域の解説をしたいと思う。

御山川下流域は開けた瀬が連続して、フライで釣りやすい渓相を見せてくれる

●本流合流点から始まる釣り場

閉伊川本流沿いの国道106号を進み、区界、松草を越えると、閉伊川支流の御山川出合がある。ここが里川の釣りから本格的な山釣りに至るまでのスタート地点となる。合流点は深い淵で、解禁当初はエサ釣りでじっくりねらうポイント。さらに、支流に入る橋を渡ると左に駐車スペースがあり、先行者がいないことが確認出来れば、優良な入渓点となる。ここから1つめの堰堤まではヤマメ、イワナの混生で、イワナのほうが多い。増水後など、泡が溜まった巻き返しをていね

1つめの堰堤まではヤマメ、イワナの混生で釣れる。秋には思わぬ大ものと出会うこともある

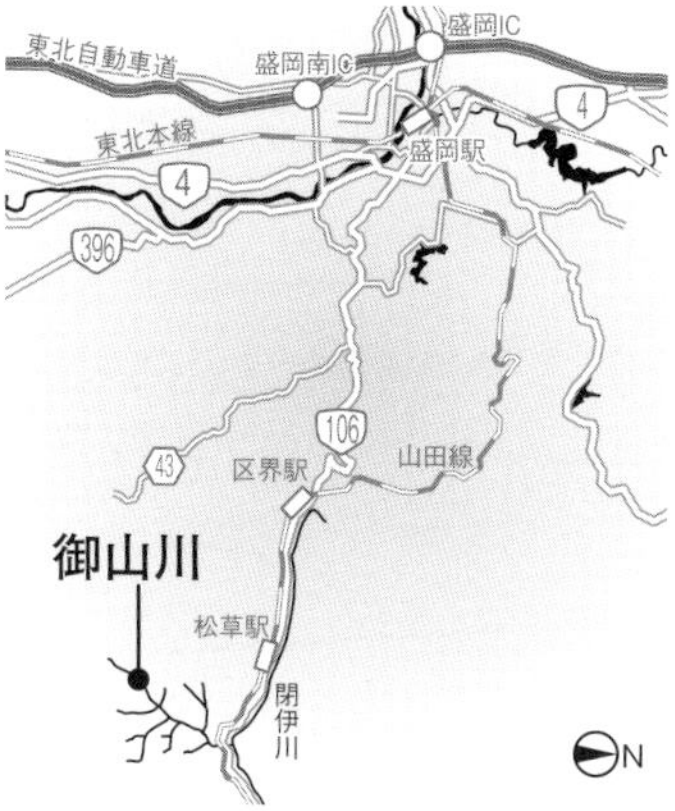

information

●河川名　北上川水系閉伊井川支流
御山川
●釣り場位置　岩手県宮古市
●主な対象魚　イワナ、ヤマメ
●解禁期間　3月1日～9月30日
●遊漁料　日釣券1000円・
年券8000円
●管轄漁協　閉伊川漁業協同組合
（Tel0193-62-8711）
●最寄の遊漁券発売所　去石理容所（Tel0193-77-2424・道の駅区界高原向かい）、道の駅やまびこ館（Tel0193-85-5011）
●交通　東北自動車道・盛岡南IC下車。宮古盛岡横断道路～国道106号で宮古市方面に進み、御山川出合から林道に入り各釣り場へ

いにねらえば、尺イワナも充分に期待出来る。1つめの堰堤までゆっくり半日かけて釣り上がるのもよいだろう。

堰堤を越えると、広いプールがあり多くの魚を蓄えているが、稚魚が多く、成長を見守って通り過ぎてほしい。さらに2つめの堰堤まではプール、瀬、淵が連続する区間で春～秋まで見逃せない区間だ。駐車スペースは最後の民家を過ぎた右側にある。ただ釣り人も多いので、先行者が入っていないか確認してから入渓したほうが魚に出会うチャンスは増えそうだ。

さらに上流へ進むと石造りの橋が現われ、すぐ上には大場所がある。時間をかけてじっくりねらってほしいポイントだ。特に白泡の筋や岸ぎりぎりをねらってみると、思いがけない大ものも釣れることがある。また、秋には遡上した尺ヤマメ、尺イワナのチャンスも充分にある。さらに数百メートルで2つめの堰堤となる。堰堤下は魚が溜まるポイントになっているが、釣獲により魚影が少ないことが多い。春先など早い時期に入れば、思いが

最後の堰堤を越えると、人工物のない流れが続く

堰堤上のプールではライズも多く見られるが、近づくと魚を散らしてしまうので遠投でねらいたい

上流に堰堤はなく、自然繁殖したネイティブなイワナを手にできる

最後の堰堤上流は、開けてフライィッシングには最適な区間。複数人で入渓しても楽める

けない数釣りも期待できるだろう。

●2つめの堰堤以遠はイワナの釣り場

2つめの堰堤から3つめの堰堤までは距離は長くないが、イワナの良型がねらえる。ここからはイワナだけの釣り場となる。3つめの堰堤を越えると、上流に堰堤はなく、御山川で自然繁殖したネイティブなイワナを見ることが出来るだろう。駐車スペースは堰堤付近の林道沿いに数箇所ある。ただ林道と渓流まで落差もあり、単独で入るより複数人で入ったほうが安全だ。そして、何度かクマにも遭遇しているのでクマ鈴やクマ撃退スプレーも持参したほうがよい。

人工物のないこの上流の釣り場は、御山川のハイライトだろう。近年、ルアー釣りの方も増えているが、最盛期や秋口まで魚が多く、シーズンを通して楽しめる。エサ釣りよりはフライフィッシングでねらいやすいフラットな流れが多く、ぜひ夏場に毛バリ釣りで臨んでみてほしい。先行者がいる場合でもあきらめず、岸ぎりぎりの流れや落ち込みの巻き返し

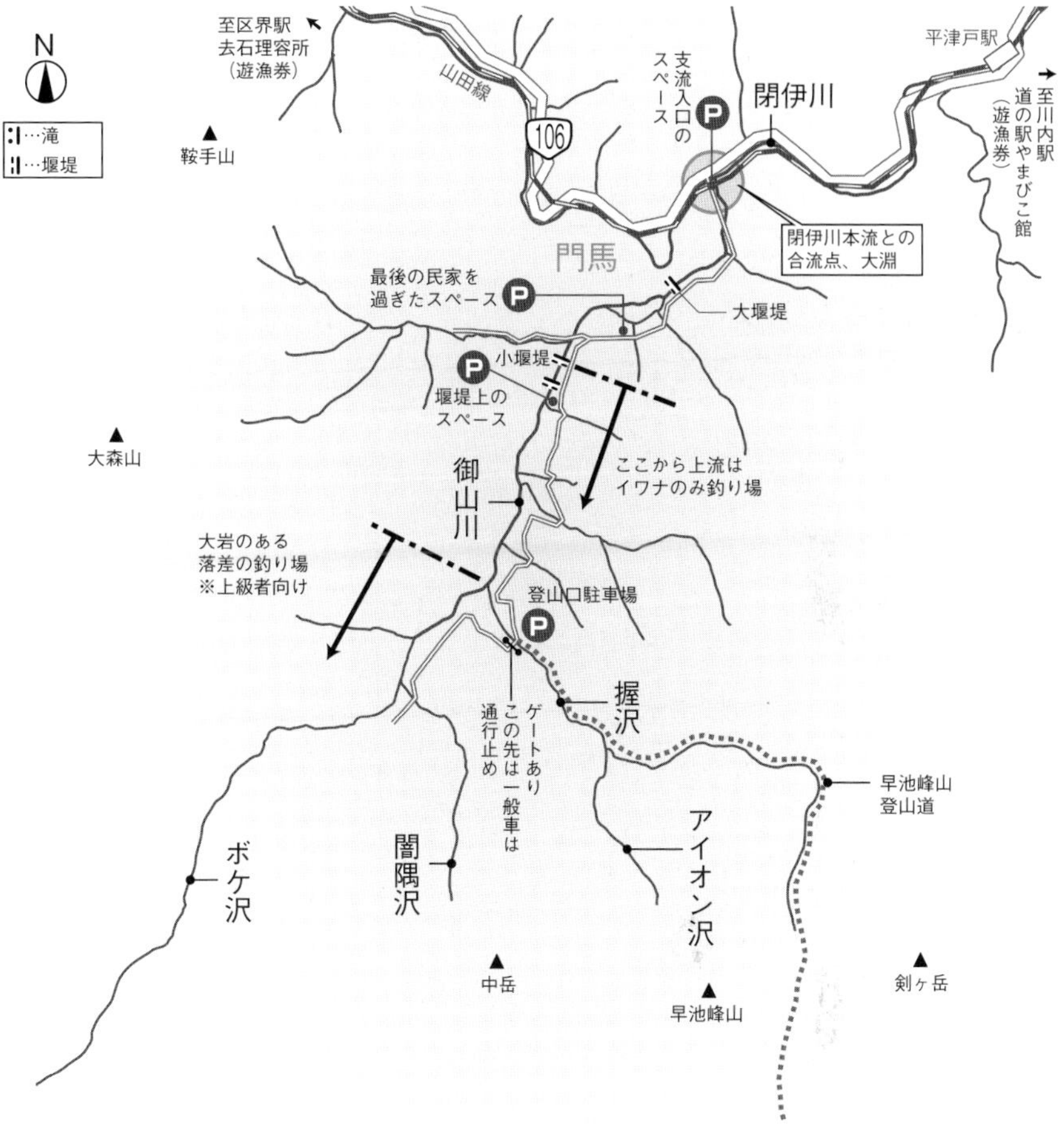

などをじっくりねらえば、釣果は時間とともに伸びるだろう。また、この区間から林道と渓流の落差があるので、釣りを終えたら再度、川伝いに入渓点に戻ったほうが安全だ。

上流部は、前述したように自然繁殖したネイティブなイワナが多く生息しているため、C&Rを徹底してほしいところだ。

さらに上流にもイワナは生息しているが、大岩の連続で、落差もあり初心者にはお勧め出来ない渓相だ。沢登りに慣れた上級者の釣り場となるが、苦労して釣り上がっても意外に釣果は伸びないことが多いだろう。

近年、宮古盛岡横断道路（国道106号）の整備が進み、盛岡市内からのアクセスが楽になった。市内のビジネスホテルに宿泊し、夜は近くの居酒屋でお酒を嗜《たしな》んだり、焼肉や盛岡冷麺を食べるコースはお勧めだ。また郊外には繋《つなぎ》温泉や網張温泉などの宿も数多くあり、岩手の旬の食事を頂き、温泉でゆっくり釣行の疲れを癒すことも出来るだろう。（澤口）

大川《おおかわ》

本流をしのぐスケールと魅力 人工物の少ない渓相に大型ヤマメの夢膨らむ

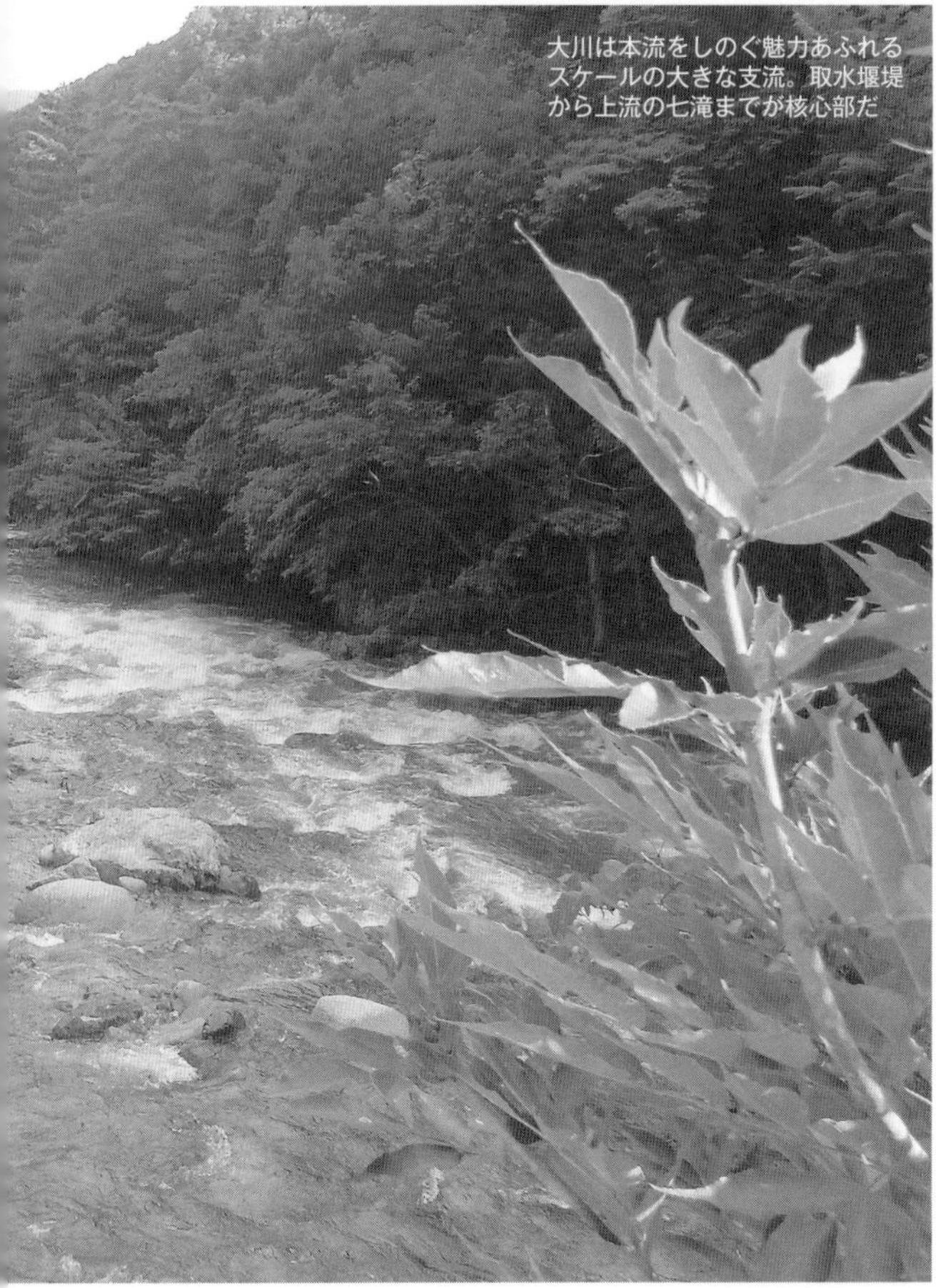

大川は本流をしのぐ魅力あふれるスケールの大きな支流。取水堰堤から上流の七滝までが核心部だ

本州一の広さの町として、また日本三大鍾乳洞の1つ、龍泉洞があることでも知られる岩泉町を西から東へ流れ、太平洋に注ぐ小本川。流程約61㎞、水量豊富で変化に富む流れは、平成28年8月30日、東北地方に甚大な被害をもたらした台風10号に破壊され、淵や岩盤は砂で埋まり、平瀬だけの変化の少ない川になってしまった。令和2年現在、今なお復旧工事の真っただ中で、濁りが取れない日も多い。

大小の落ち込み、淵、岩盤など、釣り心をそそる渓相を持っている

information

●河川名　小本川水系大川
●釣り場位置　岩手県下閉伊郡岩泉町
●主な対象魚　イワナ、ヤマメ
●解禁期間　3月1日～9月30日
●遊漁料　日釣券1000円・
年券5000円
●管轄漁協　小本川漁業協同組合
（Tel0194-32-3215）
●最寄の遊漁券発売所
ローソン岩泉店
（Tel0194-22-2575）
●交通　東北自動車道・盛岡南IC降車。宮古盛岡横断道路、国道106号、県道171号を経て渓へ

その本流をしのぐ魅力あふれるスケールの大きな支流が大川だ。大川も台風被害を受けたが、幸い本流ほどではなかった。

岩泉町の町中からおよそ10km上流の落合で小本川に合流する大川は、合流点から上流7km地点に東北電力の取水堰堤があり、ここから下流は涸れ川で雪代時や増水時以外は釣趣が湧かない。

取水堰堤からおよそ9km上流の七滝までがこの川の核心部だ。大小の落ち込み、淵、岩盤など、その流れは釣り心をそそるすべての条件を備えている。特に新緑の季節に訪れると、目に付く人工物は少なく、清らかなその流れに大型ヤマメへの期待で胸が高鳴る。

また、七滝から上流は魅力が薄いのかというとそんなことはなく、大川のほぼ中心点の釜津田を通過し、源流に至るまでアプローチに困る難所はなく、淵や落ち込みなどのポイントが次々と現われ、入渓場所に迷うほどだ。

ヤマメの上限は七滝付近といわれていたが、現在では遙か上流の大川岩洞発電

七滝のすぐ下の流れ。約９㎞下流の取水堰堤から七滝までが大川の核心部となる

源流に至るまでアプローチに困る難所はなく、手軽に楽しめる渓だ

所櫃取水堰堤まで、主にヤマメの釣り場になっている。堰堤上流は、以前はイワナしか釣れなかったが、堰堤に魚道が整備されて以来ヤマメが遡上し、混生域になったようだ。

また、大川には宇津野沢や寄部沢など枝沢が多く、どの沢にもイワナが居着いているが、クマの生息地でもあり入渓する際には充分に注意してほしい。

大川は川に沿って道路が通っており、車で移動しながらポイント捜しができる。高低差が少なく入渓も容易だ。

駐車スペースは七滝、大滝付近のほか各所にあるが、すれ違いに注意が必要な道路の狭い場所などには停めないように。また上流部は春は山菜、秋はキノコ採りに訪れる人も多く、対向車にも気を付けたい。

現地へのアクセスだが、内陸部や県外から大川に釣行する場合、盛岡南ICから国道１０６号宮古盛岡横断道路に入り、区界を過ぎ９㎞ほど下った松草から県道１７１号（大川松草線）で最上流部から下っていくのが一番早い。ただし、県道１７１号は積雪のため冬季通行止めがあり、例年４月半ば辺りまで通行できない。春に訪れる時は注意が必要だ。宮古盛岡横断道路は２０２１年に全線開通予定になっており、全線開通すればさらに早く行けるようになると思う。（齊藤）

新緑の季節に訪れると、目に付く人工物は少なく清らかな流れが釣り人を癒してくれる

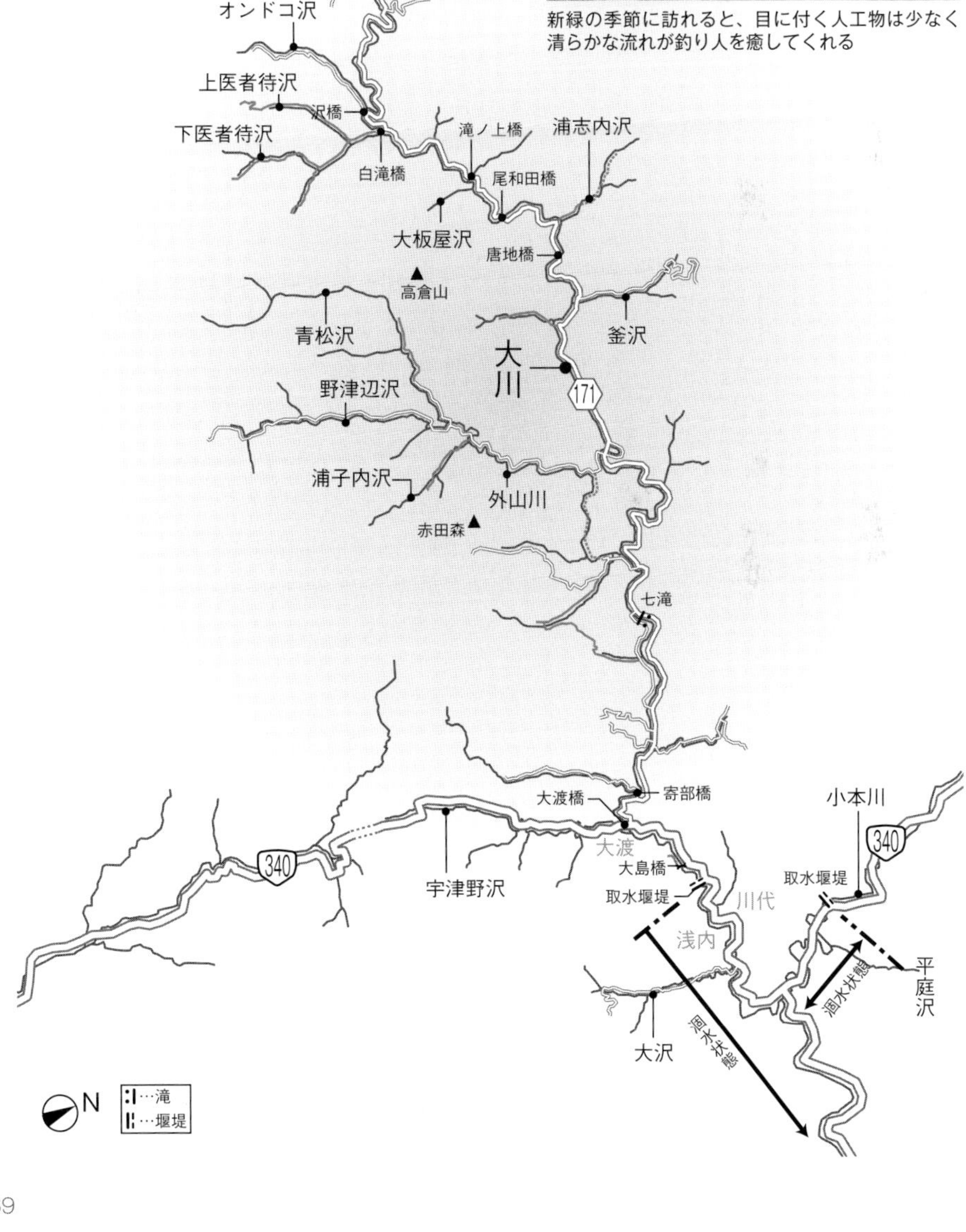

上玉田川《かみたまだ》

日本の滝百選に選ばれた名瀑の上流が釣り場 豪雪地帯のイワナの川。盛期は6～7月

日本の滝百選にも名を連ねる法体の滝の上流部が上玉田川の釣り場となる。法《ほっ》体《たい》の滝は、霊峰・鳥海山の水を集めて末広がりに落ちる、流長100mもの名瀑。僧衣をまとう修業僧（法体）を思わせるその景観が名前の由来とされ、弘法大師・空海が、不動明王が現われたため滝に拝礼したという伝来もあるようだ。映画の好きな釣り人には、「『おくりびと』で知られる滝田洋二郎監督の別作品『釣りキチ三平』のクライマックスシーンに、巨大イワナが潜む鳴神淵として登場するあの滝」といったほうが話が早いかもしれない。

　また、一の滝上流部、二の滝河床には大小の甌穴《おうけつ》群が見られ、学術的にも貴重なものとして秋田県名勝・天然記念物第一号にも指定されている。さらに、滝の上流部に位置する玉田渓谷はハイキングコースとしても人気だ。

　上玉田川での対象魚は基本的にイワナのみとなる。釣り場周辺は豪雪地帯で雪解けが遅く、林道が除雪され、整備されないと入渓は困難。例年6月初旬には入渓可能となるが、積雪の状態や林道の状況によって変わるので、釣行の際は念のため事前に確認されたい。

　盛期は6～7月。ただし7月下旬からメジロアブが出始め、お盆前後にかけてものすごい数となる。特に虫刺されに弱い方は要注意だ。

　法体の滝から赤沢川合流までは広々とした涼やかな渓谷で、近年はフライフィッシャーに親しまれている。大ものも潜むコースで期待できる。

　赤沢川合流から上流の上玉田川は淵が

田麦山田沢と上玉田川合流点下流。広々としたポイントでフライフィッシングが楽しめる

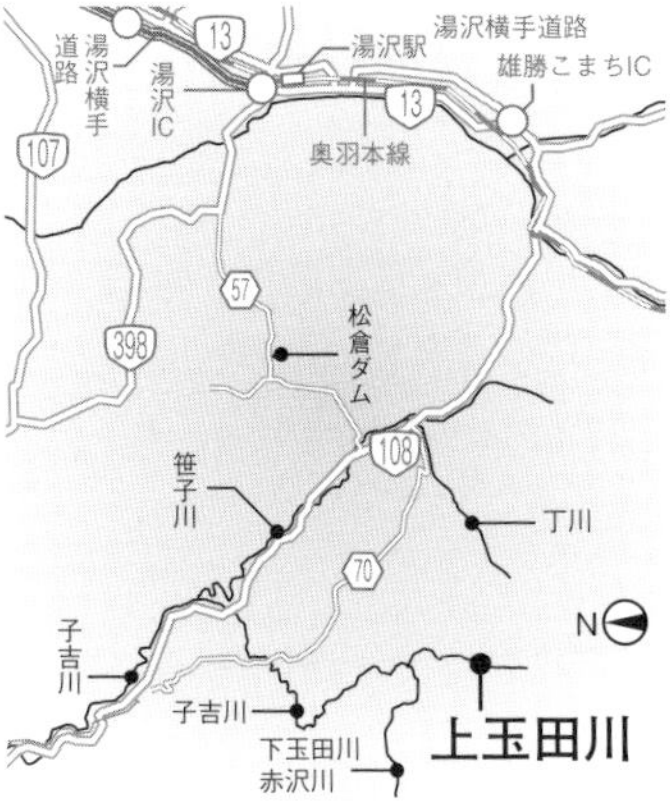

information

●河川名　子吉川水系上玉田川
●釣り場位置　秋田県由利本荘市
●主な対象魚　イワナ
●解禁期間　4月1日～9月20日
●遊漁料　日釣券1000円・年券4000円
●管轄漁協　子吉川水系漁業協同組合（Tel0184-23-5582）
●最寄の遊漁券取扱所　道の駅清水の里・鳥海郷（Tel0184-59-2022）
●交通　湯沢横手道路・雄勝こまちIC降車。国道108、県道70号を経由して上玉田川へ

少なく平坦で、上流に行くほど渓が狭くなるが魚影は多い。水量が多い時期はエサ釣りで数釣りが期待できる。ただし体長制限も守らず無闇に魚を持ち帰る釣り人もいて、以前よりも格段に数は減ってきている。

赤沢川は、万年雪のある鳥海山の恵みで夏でも水温、水量とも安定しており魚が多い。下玉田川、上玉田川の種沢的な存在でもあるようだ。体長制限（15㎝以下は採捕禁止。釣れた場合はすみやかにリリース）を守り、過度の持ち帰りは自粛して玉田川全体の遊漁の安定を図りたいものだ。また平坦な川で釣行しやすいが、クマも多く注意して入渓されたい。

※注：法体の滝下流部に鳥海ダムが建設中（2020年現在）

この工事で法体の滝が沈むことはない。ただし、上玉田川へのアクセスに制限が加えられる可能性もあるので、ダム工事事務所に問合せて行くことも必要かと思う。また、滝上の上玉田川への影響もないと思われる。ダム建設の目的は、同ダム工事事務所によれば子吉川沿岸の洪水

法体の滝を望む。この滝の上から釣るのがおすすめだ

上玉田渓谷の流れを望む

被害軽減、水需要への対応や渇水被害の軽減を図るため。完成時期は2028年とされている。

●法体の滝上流から赤沢川合流

2020年現在は、県道70号から「鳥海山　百宅《ももやけ》口」看板を目印に市道に入り、上百宅集落辺から手代《てしろ》林道を玉田渓谷方向へ向かうが、ダム完成（2028年）後は変更となるだろう。鳥海山百宅登山口に向かう方向と上玉田川への分岐点に、手代沢案内板（手代林道起点4・4㎞）があり、そこに駐車スペースがある。

法体の滝の公園に駐車して釣り上がる方法もあるが、公園側からは遊歩道があるだけで、車で目の前の川を渡ることはできず、釣り上がるほど帰りに歩く距離が長くなるので面倒だ。また、道路を間違えて法体の滝のほうへ行かないようにご注意を。

案内板から遊歩道を下り、法体の滝の上から釣るのがよいだろう。入渓点までは20分ほどの歩きだ。大淵があり、大ものも期待できるコース。退渓地点は赤沢川合流で右岸の林道に上がる。この区間は普通に釣り上がれば5時間ほどのコース。ライズに遭遇するタイミングが合えば、楽しみの時間が増えるだろう。

●赤沢川合流から上玉田川上流

車で1・4㎞くらいまでがおすすめで、それ以上は渓が狭くなり、魚は多いが釣りにくい。田麦山田沢橋辺りまでは平坦

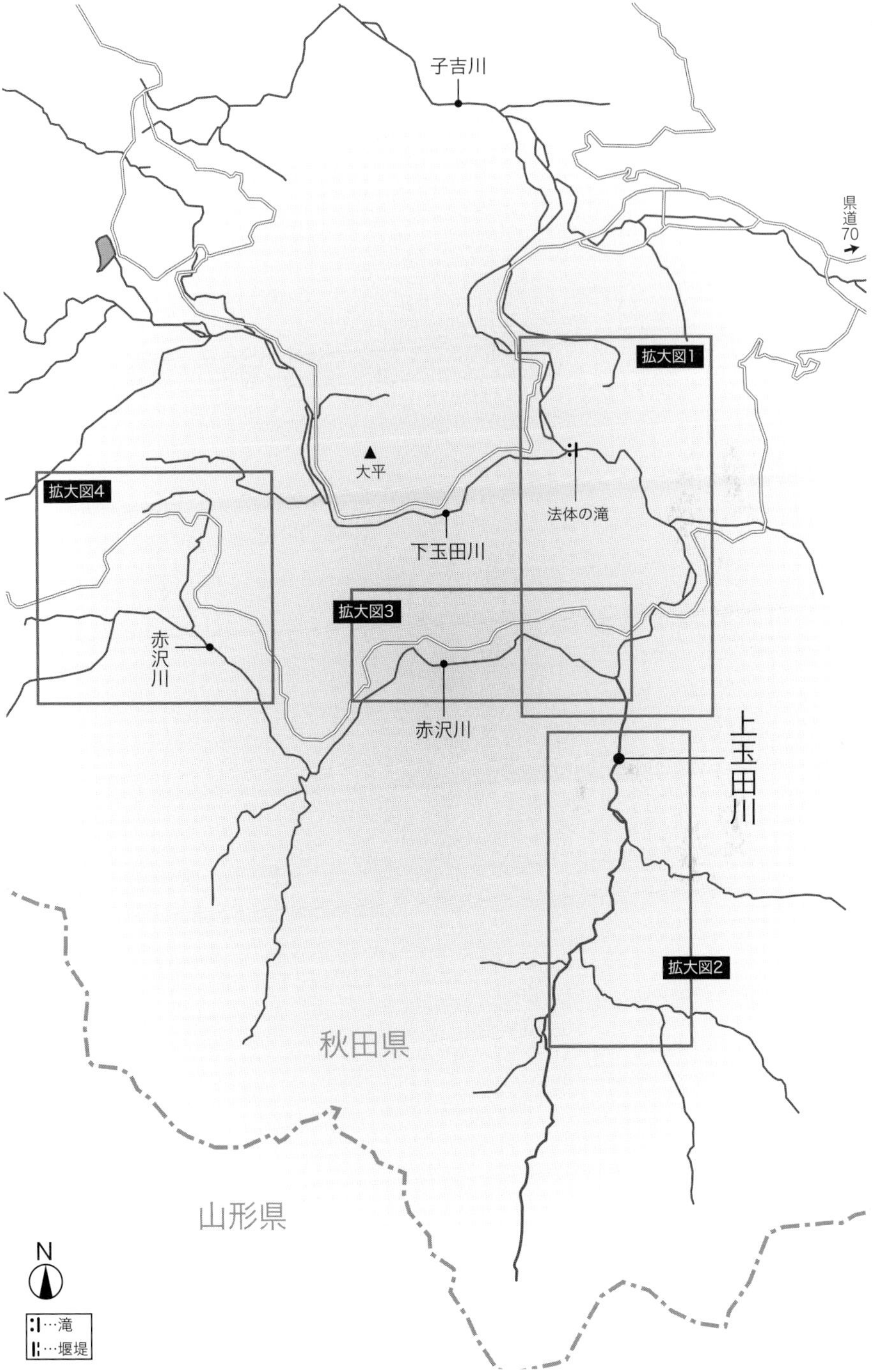

子吉川
県道70
拡大図1
大平
法体の滝
拡大図4
下玉田川
拡大図3
赤沢川
赤沢川
上玉田川
拡大図2
秋田県
山形県
N
…滝
…堰堤

手代橋より下流の渓相。対象魚は基本的にイワナのみとなる

尺イワナが期待できる渓だ

赤沢川合流点を望む。ここから右岸の林道に上がることができる

な場所が続くが、浅瀬にも魚が多く、フライで上手くねらうと多くの釣果が期待できる。合流地点に数台の駐車スペースがある。田麦山田沢橋付近で退渓するか、それ以上は右岸の林道が見える適当な場所から退渓するのが望ましい。

●赤沢川

赤沢川は、鳥海山百宅登山口に向かう林道と並行して流れているが、林道と離れている場所が多く、また途中からの入渓は説明しがたく、危険でお勧めできない。したがって、合流から赤沢川上流に架かる橋までの釣行となるため、時間に余裕を持って向かうべき。遡行は、楽しみながら6時間ほどはかかる。

左岸に林道があり、上流に車を置いて釣る方法もあるが、状況次第では通行止なども予想され、その場合は川通しで帰ることになる。また林道を歩いた場合は、1時間半以上かかる。いずれにしても、林道の状況を確認して入渓すべきだ。魚影は多いが尺イワナは期待が薄い。

（佐藤敏彦）

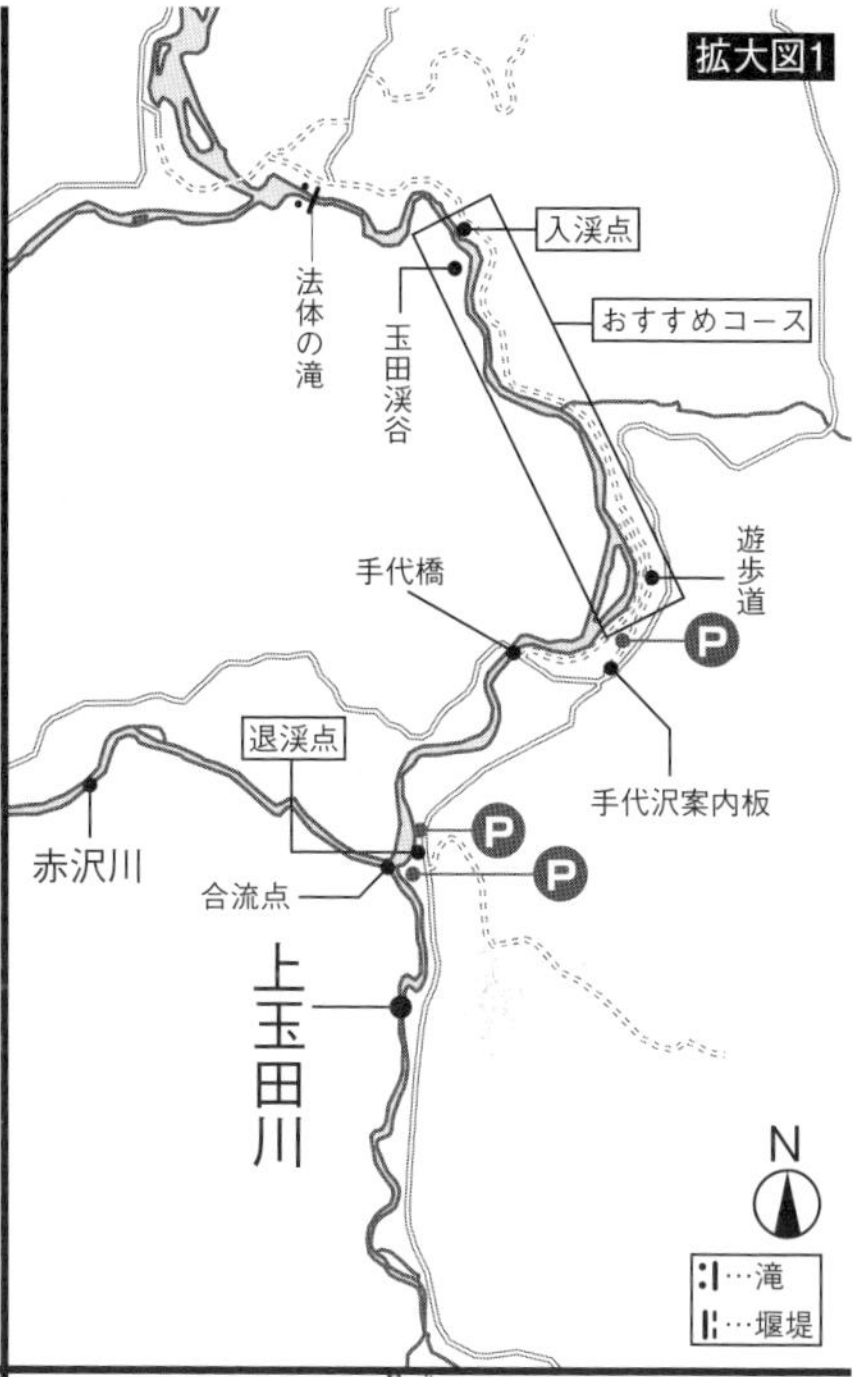
拡大図1
入渓点
おすすめコース
法体の滝
玉田渓谷
遊歩道
手代橋
手代沢案内板
退渓点
赤沢川
合流点
上玉田川
N
…滝
…堰堤

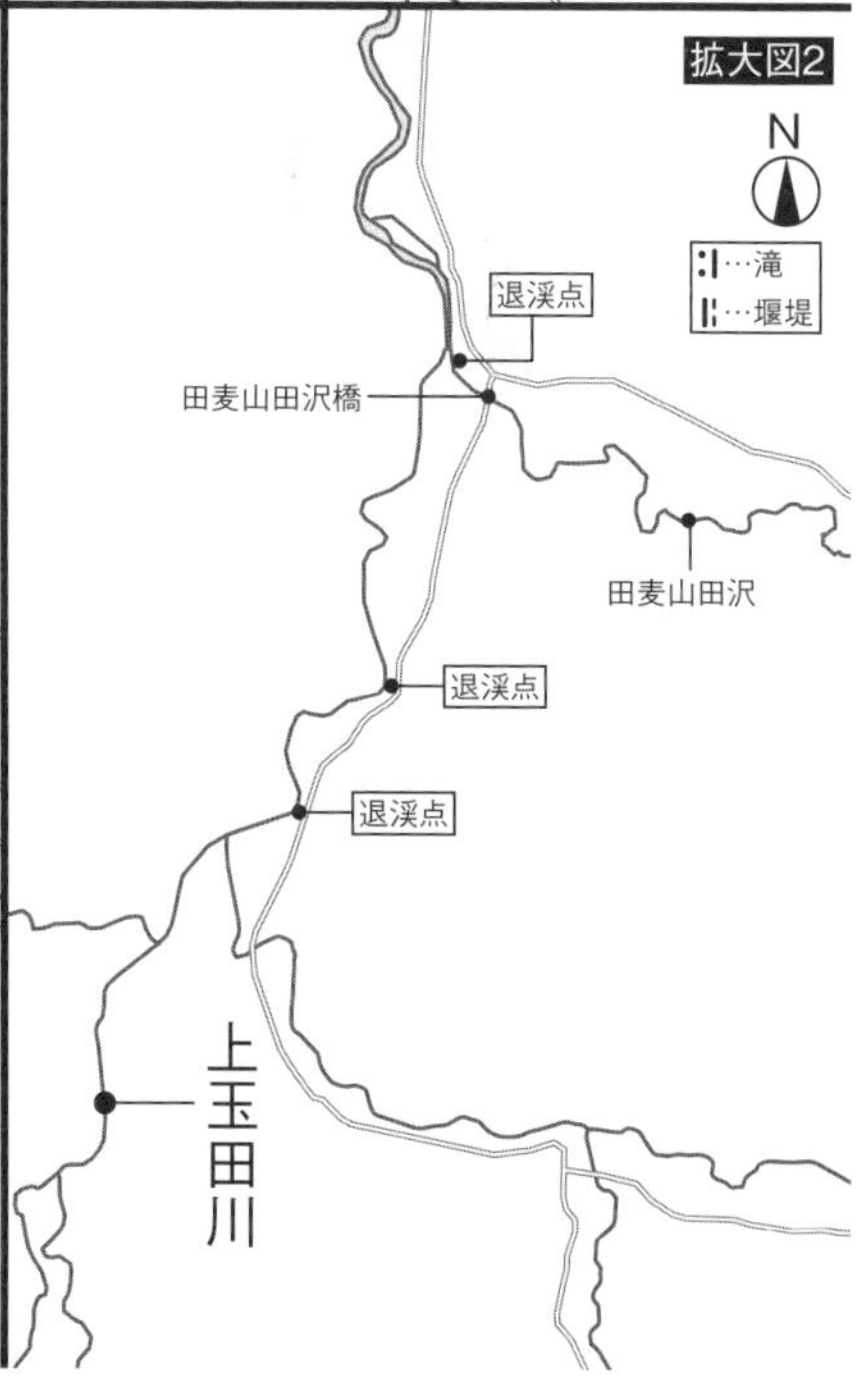
拡大図2
N
…滝
…堰堤
退渓点
田麦山田沢橋
田麦山田沢
退渓点
退渓点
上玉田川

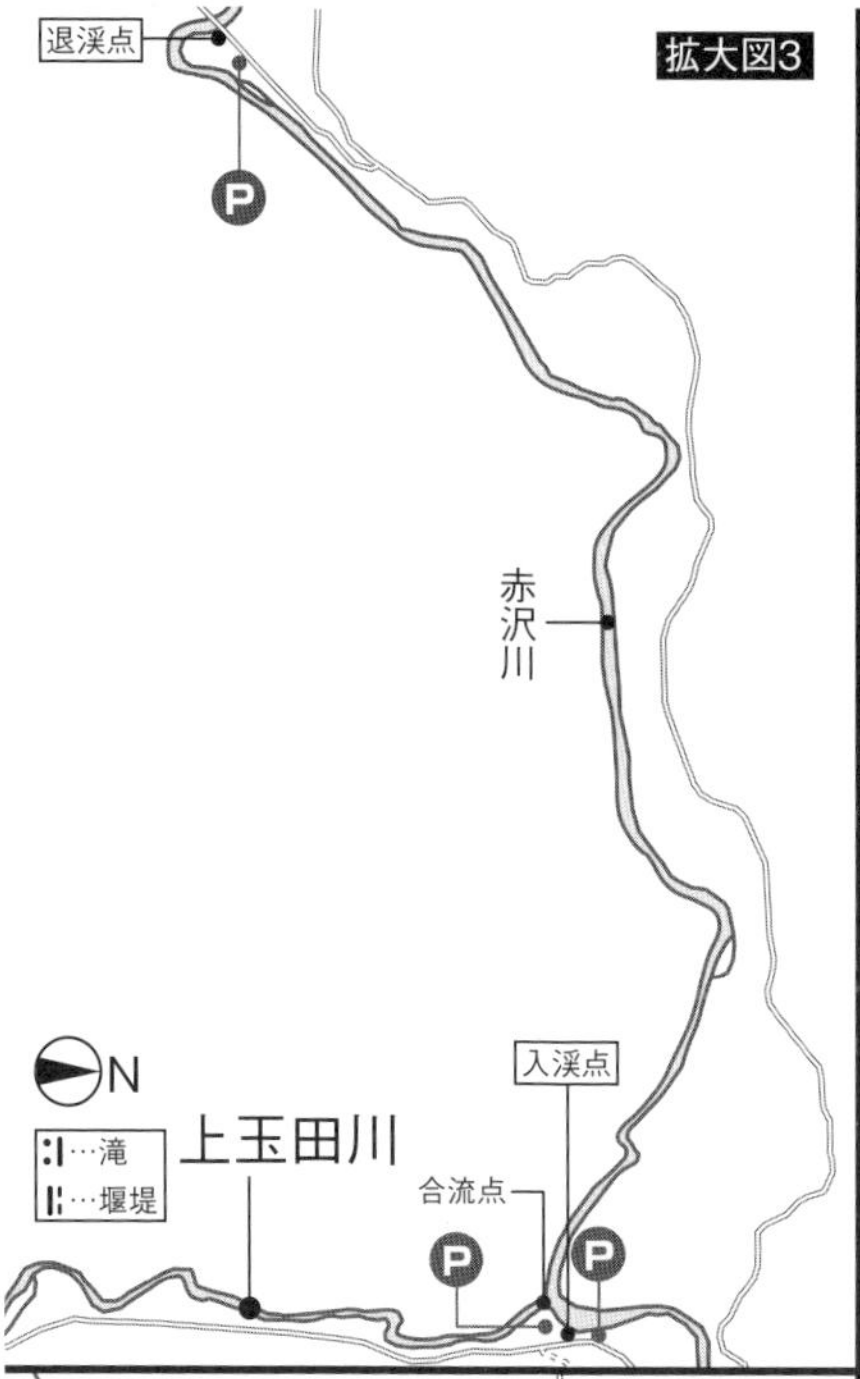
退渓点
拡大図3
赤沢川
N
…滝
…堰堤
上玉田川
入渓点
合流点

拡大図4
赤滝
退渓点
赤沢川
赤沢川への
林道起点
N
…滝
…堰堤

岩見川水系

三内川《さんない》ほか

透明なプールが続く流れはフライフィッシャーに人気
県内外から釣り人を集める秋田市きっての清冽な美渓

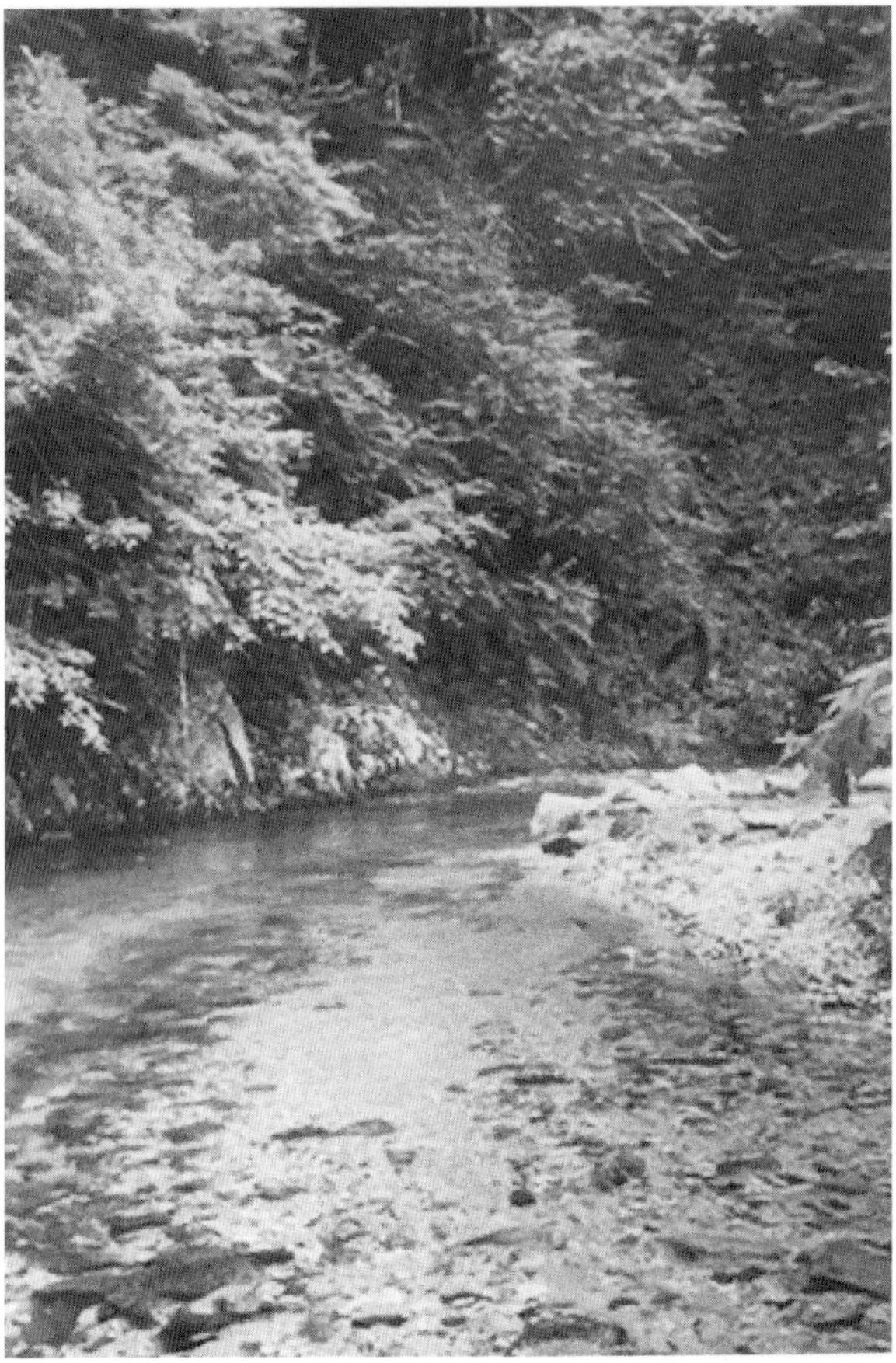

三内川はタニウツギの花が咲き乱れる頃にはようやく盛期を迎える

大又川でフライに反応したヤマメ

秋田県のほぼ中央にまたがる太平山地。標高1000m前後の山が連なり、多くの名川といえる渓谷が東西南北を流れ、今もなお県内外の釣り人を集めている。

岩見川水系は、太平山地の南側に位置し、ブナ・ミズナラの広葉樹を流れる多くの支流や沢の水を集め、水量豊かな2つの本流筋（大又川・三内川）となり、県内屈指の清流といわれる。秋田市の中心街から1時間足らずで行けることから、

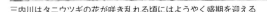

大又林道入口にある駐車場のある広場。トイレもある

information

●河川名　岩見川水系三内川
●釣り場位置　秋田県秋田市
●主な対象魚　イワナ、ヤマメ
●解禁期間　4月1日～9月20日
●遊漁料　日釣券 1200 円・
年券 5000 円・
県内共通年券 1万5000円
（＋送料 500 円）
●管轄漁協　岩見川漁業協同組合
（Tel018-882-3734）
●最寄の遊漁券発売所
上州屋秋田店
（Tel018-823-7341）
●交通　秋田自動車道・秋田南 IC を降り、国道 13 号を大曲方面へ。県道 308 号で岩見ダム方面へ

広場に設置されている大又案内板。遡行の資料となる

シーズンを通じて釣り人の絶えない人気河川であり、週末は激戦区でもあるようだ。

　岩見川は、河辺三内で上流にダムをもつ三内川と分かれ、さらに岨谷《そや》峡上流で大又川・小又川に名を変える。本流は大又川のようだが、川の規模、水量ともに三内川のほうが上で、水源は異なるが、どちらも太平山地に奥深く食い込んでいる。

　入渓までの各エリアへの林道は、かつての渓に沿った森林軌道跡に造られたため、入退渓が容易なところが多く、川の状況もよく見える。

　ここ数年は度重なるゲリラ豪雨で渓の姿が激変し、加えて林道補修工事、森林伐採で大量の土砂が川床を埋め、一時は悲惨な状況だった。その後少しずつではあるが、川床には底石も定着しつつあり、渓魚の定位も確認できるようになってきた。さらなる回復が期待される。

●大又川

柱状節理の岩壁が見事な岨谷峡を左に

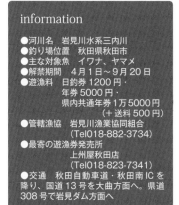

眺め、小さな峠を越えると最終集落の鵜養《うやしない》が眼下に見える。支流の小又川に架かる橋を渡るとやがて大きなカーブの左に、駐車場のある広場・トイレが見える。ここで県道28号から離れ、直進して林道へと入っていく。殿淵、伏伸の滝といった景勝地を過ぎると舗装が切れ、大又川沿いに長い林道が上流へと続く。途中、2箇所の大きなカーブで、車から流れがよく見える。さらに上流、源内沢橋で林道は左岸から右岸へ移り、林道脇に釣り人の車を見かけるようになる。秋田杉の美林に囲まれた林道をさらに進めば、時々明るく開けた清冽な流れが目の前に広がる。

岩見ダム湖岸道路入口を望む

その年の積雪と融雪状況によるが、だいたい5月連休から中旬がドライフライの幕開けとなる。数十メートル続くフラットな瀬の流心めがけてロングキャストすれば、きっと美しい渓魚が姿を見せてくれるだろう。

　そんな感じの流れが上流朝日又沢出合を過ぎ、堰堤を越え、さらに荒沢出合付近まで続く。ちょうどその辺りで２０２０年現在林道が崩壊しており、車は通行止め。上流は徒歩のみのタフな釣りとなる。渓の両岸が次第に迫り、旧林道も高度を上げ離れていくため、退渓点も少なく、基本的に6月以降の減水時の釣り場となる。入渓の際は、充分な装備、入退渓点の確認、さらに天候と水況に注意が必要。また釣り人のよく利用する旧林道は、どこも夏場はすっかり下草に覆われ、いつクマと鉢合わせしても不思議ではない。近頃のクマは、人を恐れずに林道、杣道に出て来るケースが非常に多い（私自身は今年4回目撃）。特に、小沢の出合、先の見えないカーブに差し掛かる時は要注意だ。

大又川の林道車止。ここから上流は徒歩のみのタフな釣りとなる

●三内川

　釣り場となる岩見ダム上流へは、ダム左岸の舗装された県道３０８号をダム湖を眺めながら進むと、やがて長い下り坂で三内川本流が見えてくる。舗装が切れると井出舞沢出合上流の広場が見えてくる。キャンプを楽しむグループや、広い駐車スペース脇の水場で休む人も多い。ここで林道は、直進すれば河北林道で本流上流へ。また左折して橋を渡れば井出舞沢林道へ。どちらもヤマメ混じりのイワナ主体の渓となる。

　三内川の雪代が落ち着くのは、大又川より例年1週間ほど遅い。それでもタニ

大又川中流域。瀬中心の流れが荒沢出合付近まで続く

大又川・朝日又沢出会付近の渓相。５月中旬からドライフライが幕開けする

大又川中流の流れ。開けた渓相でフライも振りやすい

ウツギの花が咲き乱れる頃にはようやく盛期を迎え、西日が強く差す6月の午後は、流れによく肥えたイワナのライズが見える。上流、院瀬沢出合までは大又川同様、砂の多いプールが目立つが、そのヒラキに注目したい。岩盤側に目を奪われがちだが、手前の岸寄りの底石周りに良型のイワナが定位している場合が多い。釣り上がっていくと途中で釣り人と鉢合わせする場合が多く、私の場合、近頃はこうしたプールをじっくりサイトフィッシングで楽しむことが多い。また、シーズン初期は午前中をドライ、午後3時頃から雪代が入り込んだら迷わずニンフに変更して、午前中に反応がなかった流れをもう一度探ると楽しい釣りになるはず。

林道から見えるカーブごとの淵には、決まって踏み跡があり、入退渓が楽なところがほとんど。無理なヤブ漕ぎなどせずに、カーブで林道が見えたら退渓するほうがよい。

院瀬沢出合からはようやく落差のある流れが続く。巻き返しの白泡の筋は、尺イワナの期待大。カーブの岩盤プールは、

大又川上流域は6月以降の減水時の釣り場となる

大又川上流域の渓相。渓の両岸が次第に迫る落差のある流れだ

キャストの前に定位する魚を確認しよう。ただ良型の期待できる区間なので当然釣り人も多く、なかなか好機が回ってこない。

上流は、川に沿う林道も高度を上げて来るが、渓相はふたたび平坦な流れとなり、入退渓が容易な区間となる。やがて堰堤を越えても、さらにイワナ釣り場が続く。

●井出舞沢ほか

かつてダムがない時代、本流の吊り橋を渡り、徒歩だけの奥深いイワナ釣り場であったこの支流も、今は状況によっては左岸沿いの林道で第2、3堰堤付近まで入れるようだ。堰堤上流部からの滝の続く足場の悪い区間よりは、むしろ中流域が主な釣り場。井出舞沢に架かる橋を基点に、上・下流に入渓したい。橋までは、杉林の中を分流しながら瀬の多い流れが続く。点在するプールは良型が期待できる。瀬尻の肩、岸際をゆっくり流れる筋は見逃せないイワナの付き場だ。橋上流も、第2堰堤までゆっくり楽しめる。退渓には、堰堤から少し戻った林道のある左岸に踏み跡を見つけたい。

大又川のヤマメ。精悍な顔付きで美しい魚体だ

岩見川水系には、本流筋のほか、春先の雪代や雨後の増水時の釣り場として、杉沢川、丸舞川、小又川などの支流がある。春先は、特に林道の道路状況に注意されたい。地図上の林道は、そのほとんどが途中で通行不可の場合が多い。

かつてはイワナ、ヤマメの天国といわれた岩見川水系も大きく姿を変えてきているが、今後何十年かのサイクルで、またよくなることを願うばかり。キャッチアンド・リリースが定着して久しいが、釣り人一人ひとりがこの美しい渓魚を思い、大切にしていってほしい。（浅利）

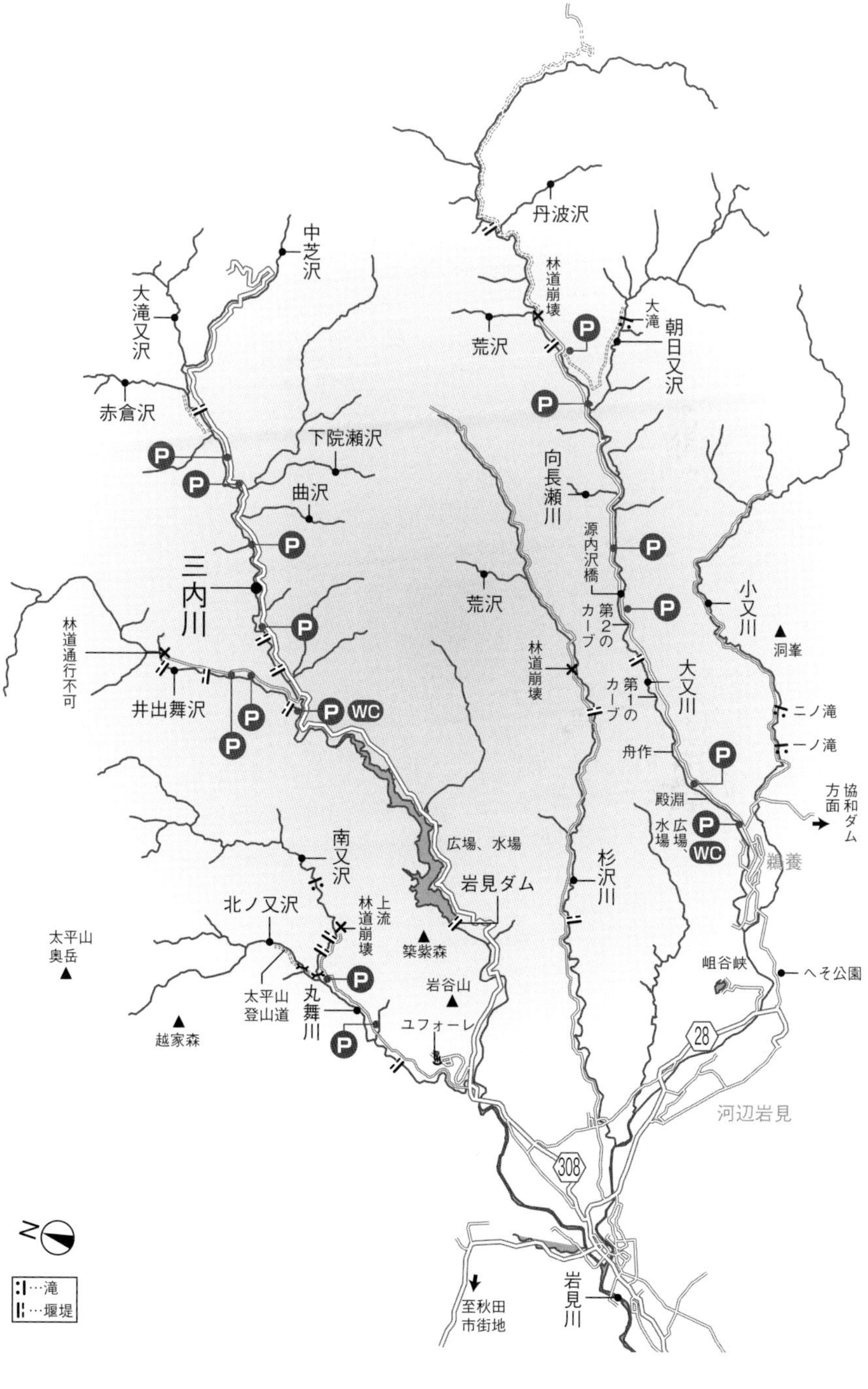
丹波沢
中芝沢
大滝又沢
林道崩壊
荒沢
大滝
朝日又沢
赤倉沢
下院瀬沢
曲沢
向長瀬川
源内沢橋
三内川
第2のカーブ
荒沢
小又川
洞峯
林道通行不可
林道崩壊
第1のカーブ
大又川
井出舞沢
ニノ滝
一ノ滝
舟作
殿淵
協和ダム方面
広場、水場
広場、水場
鵜養
南又沢
杉沢川
岩見ダム
北ノ又沢
上流林道崩壊
太平山奥岳
築紫森
岨谷峡
へそ公園
太平山登山道
岩谷山
丸舞川
ユフォーレ
越家森
28
河辺岩見
308
岩見川
至秋田市街地
…滝
…堰堤

雄物川水系
玉川支流

桧《ひの》木《き》内《ない》川

5月連休明けから最盛期を迎えるみちのくの里川
支流筋もヤマメの魚影多し。クマ対策も怠りなく

西明寺河川公園付近の流れ。水深のある岩盤の渓相で、良型ヤマメの1級ポイントだ

秋田県仙北市を流れる桧木内川は、武家屋敷、桧木内川堤ソメイヨシノで有名な角館町の市街地で玉川と合流した後、大仙市で雄物川に注ぎ、日本海へと流れ出す。アユ、ヤマメ、イワナ釣りで知られ、県内外から足を運ぶ釣り人が絶えない人気河川だ。

渓流釣りにお勧めのエリアは約40㎞。

桧木内川のヤマメ。17～24㎝がアベレージだが、幅広の銀毛化した個体も掛かる

information

●河川名　雄物川水系玉川支流
　桧木内川
●釣り場位置　秋田県仙北市
●主な対象魚　イワナ、ヤマメ
●解禁期間　4月1日～9月20日
●遊漁料　日釣券1400円・
　年券8000円
●管轄漁協　角館漁業協同組合
　（Tel0187-55-4877）
●最寄の遊漁券発売所
　ファミリーマート
　仙北西木西明寺店
　（Tel0187-52-5301）
●交通　東北自動車道・大曲IC降車。
国道105号を北上して桧木内川へ

その間には支流が34本あり、釣り場はたくさん存在する。また漁協の放流実績マップを見ると、本流、支流とまんべんなく放流が行なわれている。

　解禁日は4月1日だが上流部は例年まだ雪が残っている。したがってこの時期は支流、上流部がお勧め。雪代が出始めている時期に本流の釣りはなかなか難しい。ただし、支流に入る場合は特にクマに気を付けてほしい。

　本格的なシーズンは、雪代が落ち着く5月連休明けからとなる。この時期になると一気に魚が動き出し、どのエリアでも反応がよくなる。エサ釣りではキヂ、川虫、ブドウ虫と何にでも反応してくれる。私の場合、川虫（クロカワ虫）とキヂかブドウ虫を持ち歩く（2種以上）。

　桧木内川に通い始めた頃、どのエリアがヤマメ釣りで有望か探ったことがある。上流は上桧木内（阿仁川へ越えるルート・国道105号の峠上り口）、下流は玉川との合流下、その他支流まで。結果は、どこでも釣れてしまう魚影の多さ。サイズ感としては17～24cmがアベレージ。

左通橋より上流を望む。水深のある流れからヤマメが飛び出す

八津駅上の流れ。国道が流れから離れるものの、渓沿いに小道が通る

放流により10㎝を切るリリースサイズのヤマメも多く掛かる。また、玉川合流下で釣れたヤマメは幅広の銀毛化した個体だった。

道路が桧木内川に沿っているのと、駐車スペースが多くあるので、私は基本的に車を停めてすぐのところに入渓する。ただし地元の方の迷惑にならないように。農繁期は特に注意し、水田への入口や農道への駐車は慎んでいただきたい。以下、上流から主なポイントを解説していく。

●上桧木内周辺

国道105号と並行して川が流れている。解禁当初は支流筋とあわせてお勧めのエリアで、雪の上を歩きながらの釣行となるが、水深のある場所には魚が集まっている。じっくりと探ってみてほしい。

●左《さ》通《じおり》駅周辺

左通駅に向かう左通橋の上下は見通しのよい瀬が続く。季節にもよるが、水深のあるところを丹念に探ると期待できる。アユの放流上限で良型が出る。

旧簗場跡付近の流れ。淵、深瀬、岩盤帯、段々瀬と変化に富んだ渓相を見せる

小波内沢は支流の中でも水量がありヤマメの魚影が多い

●旧簗場跡（羽後長戸呂駅～八津駅）

渓相もよく好ポイントが連続する。淵、深瀬、岩盤帯、段々瀬と変化に富み、大場所も多く釣り切ることができない。また大洪水の後でも風景を変えない安定した区間。国道105号と川が離れ、入渓するには未舗装の林道を進むことになる。

●西明寺河川公園

岩盤帯、水深のある岩盤の溝が特徴。漁協の方に「ヤマメのお勧め場所は？」と聞いた時、一番初めにここの名前が出てきた。過去に私も良型ばかり大釣りした経験がある。完全に雪代が収まるとポイントが少なくなってしまうが、アユ釣りが始まるまで渓流ファンの姿が絶えない。

●玉川合流下

以前ここで幅広の銀毛ヤマメが釣れた。上流のヤマメとは外見も少し違う。ただ、ウグイの猛攻を受けるので、ここぞと思うポイントでじっくりと粘る。以前ほどポイントが少なくなり万人にはお勧めできないが、本流マニアの方はねらってみてはいかがだろうか。

●支流・小波内沢

吉田橋上流で桧木内川と合流する。ヤマメの魚影が多く、支流の中でも水量が多い沢になる。水がきれいで上流までポイントが続く。道路は途中から未舗装の林道になるが、沢と並行している。

小波内沢は谷間を流れ、道路と川には落差があり、どこでも入渓できるわけではない。事前に入渓する場所、道路へ上がる場所を決めておくとよい。

前記したとおり、桧木内川にはこの小波内沢をはじめ支流が多く、それらを巡るのも面白いかもしれない。もしかしたらパラダイスが見つかるかも⁉　私自身、桧木内川のごく一部（道路から見える範囲）しか釣行していない。今回紹介したのも入渓しやすいメジャーな場所なので、ぜひ自分の足で最高のポイントを捜してみてほしい。最後に、繰り返しになるがクマには気をつけて。（波田野）

小波内沢は谷間を流れ、道路と川には落差があり入渓場所は限られる

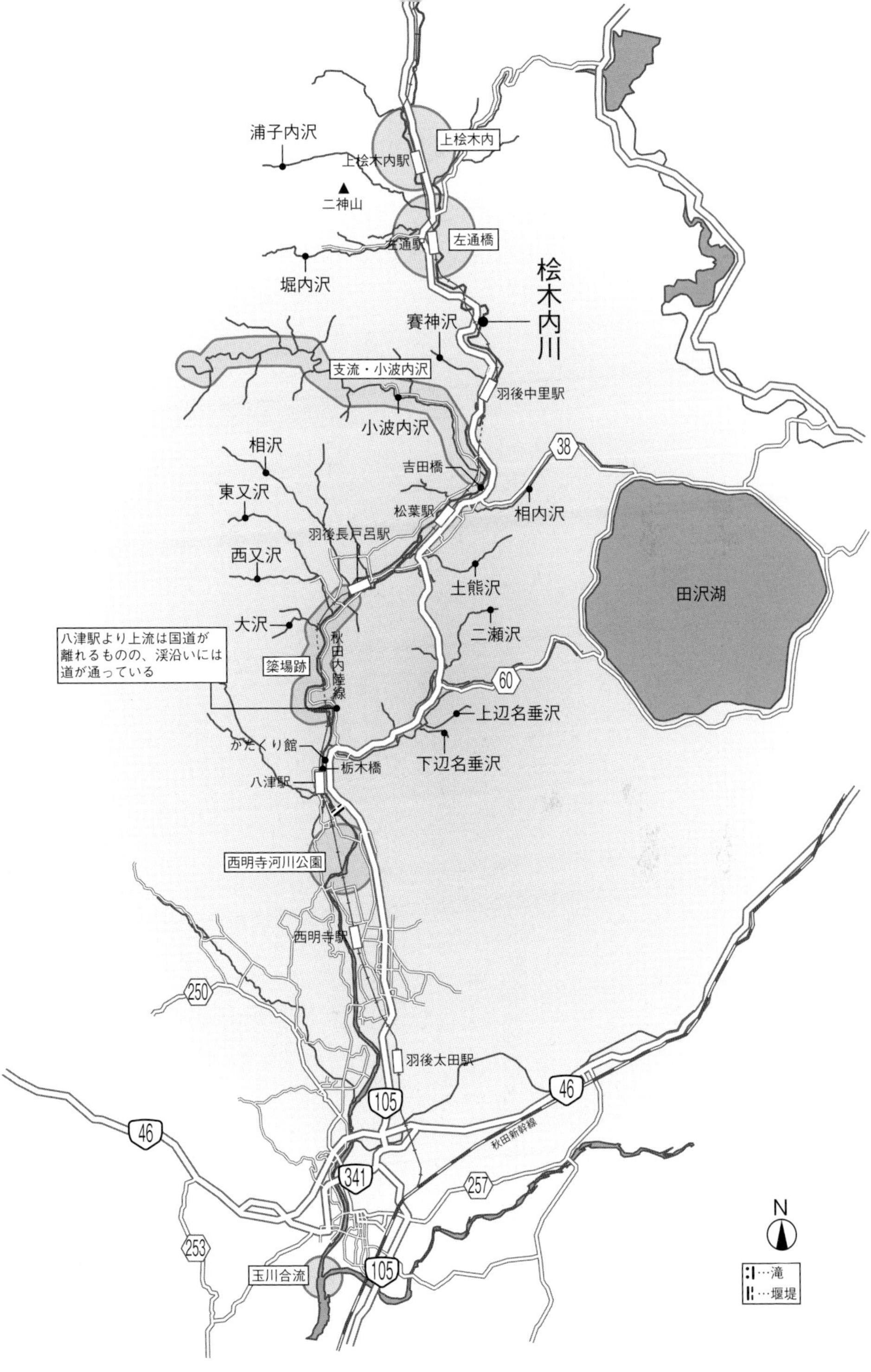
浦子内沢
上桧木内駅
上桧木内
二神山
左通駅
左通橋
堀内沢
桧木内川
賽神沢
支流・小波内沢
羽後中里駅
小波内沢
相沢
吉田橋
38
東又沢
松葉駅
相内沢
羽後長戸呂駅
西又沢
土熊沢
田沢湖
大沢
二瀬沢
八津駅より上流は国道が離れるものの、渓沿いには道が通っている
築場跡
秋田内陸線
60
上辺名垂沢
かたくり館
下辺名垂沢
栃木橋
八津駅
西明寺河川公園
西明寺駅
250
羽後太田駅
46
105
46
秋田新幹線
341
257
253
玉川合流
105
N
…滝
…堰堤

雄物川水系

役《やく》内《ない》川

県外からもフライフィッシャーが訪れる人気河川
美しい尺上ヤマメが潜む豪雪地帯の渓

　雄物川水系に含まれる役内川は、日本百名山に数えられる神室《かむろ》山から流れる大役内川と合流して本流を形成している。秋田・宮城の県境、鬼首《おにこうべ》峠付近を源頭に、国道１０８号に沿うような流れを見せる。秋田県内屈指の有名河川で、フライフィッシングでも人気が高い。

上蒲山橋付近の渓相を望む。幅広本流ヤマメが期待できるポイントだ

　大役内川との合流地点から上流が本格的な渓流釣り場となる。上流支流にはツブレ沢、赤倉沢、マダゴ沢があり、イワナ、ヤマメが多く生育している。

　東北でも豪雪地帯で、雪代が治まるのは早くとも5月中旬。その寸前にカジカの産卵が行なわれる。このカジカの卵はかつてはエサ釣りに欠かせないものとして重宝され、「卵起こし」と称される採取の光景をよく見たものだ。卵の加工が終わり、使用できる状態になる頃には雪

赤倉沢出合から先はイワナがねらえるポイントが続く

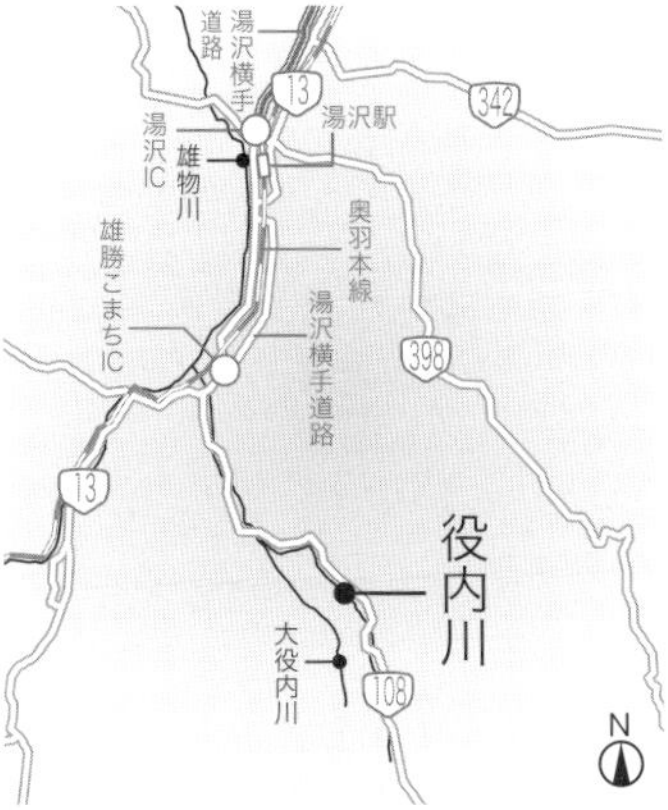

information

●河川名　雄物川水系役内川
●釣り場位置　秋田県湯沢市
●主な対象魚　イワナ、ヤマメ
●解禁期間　4月1日～9月20日
●遊漁料　日釣券1500円・
年券5000円
●管轄漁協　役内・雄物川漁業協同組合
（Tel0183-52-2584）
●最寄の遊漁券発売所　ファミリーマート雄勝インター店（Tel0183-78-6002）
●交通　湯沢横手道路・雄勝こまちIC降車。国道108号を経由して役内川へ

代が完全に治まり、渓流釣りのシーズン到来となるが、今ではその保存方法を知る人もいなくなった。

秋田県の梅雨入りは7月のアユ解禁時期に入ってからのことが多く、梅雨明けは7月20日前後とされていたが、近年の気候変動で各気象状況を推測することが難しい。6月後半と梅雨明け8月後半が渇水期の目安と思われる。

河川管轄は役内・雄物川漁業協同組合（平成31年、旧・雄勝漁協と旧・雄物川漁協の合併による）で、県内でもヤマメの放流数はトップクラスを誇る。本流域のヤマメは、体高のあるきれいな魚体が自慢で、尺超えの大ものはルアーでの釣果が多いようだ。

●薄久内川から大役内川の合流点付近

このエリアを本流域と称することが多い。新万石橋から上蒲山橋（新川井橋から2つ下の橋）、新川井橋までで尺ヤマメがねらえる。フライではかなり難しいが、釣れれば最高にきれいなヤマメに会える。ここではルアー釣りのほうが効率

ワルイ沢付近の下流方向を望む。沢を渡り歩いて本流へ入渓する

大役内川との合流点。太い流れはルアーポイントとして定評がある

赤倉沢、マタゴ沢入渓点。どちらも林道崩壊でここで車両通行止め。手前に数台駐可

ワルイ沢付近の上流方向を望む。広々とした渓相でフライも振りやすい

がよいようだ。

川沿いに道路が走り、ほとんどの場所から入退渓できる。駐車スペースも各所にある。またアユ釣りの区間としても推奨されている。

●大役内川合流上流

嶽下橋から入渓して、秋の宮温泉郷の新五郎温泉までの区間。車での移動距離は約3・2㎞。駐車スペースは嶽下橋の右岸にある。途中に砕石場があり、ガレ場もあるので注意してほしい。魚影が少ないため入渓者も少ない。穴場ポイントとして釣行してみるのも1つの考え。

●新五郎温泉から鷹の湯温泉

新五郎温泉から入渓し、鷹の湯温泉（日本秘湯を守る会）裏を通過して秋野宮山荘付近で退渓となる。駐車スペースは、秋の宮老人医療研究センター近くの空き地を利用できる。車で約1・5㎞の区間。新五郎温泉裏は、魚影は少ないが尺ヤマメの実績ポイントとして知られる。淵あり、瀬ありで変化に富む。

新五郎温泉は、リーズナブルな定宿として利用する釣り人が多い。温泉の泉質もよく、山菜料理が疲れた身体を癒してくれる。

●秋の宮山荘から堰堤

釣り上がり距離は車で1・1㎞。駐車スペースは朝市の駐車場を利用できる。大淵もあり、水量が多い時は遡行が難しいことがあるので注意が必要。

●ツブレ沢合流から畑の堰堤

釣り上がり距離は車で0・6㎞。合流点から50mほど行った国道脇に駐車スペース。2箇所堰堤があり、右岸を巻いて遡行できる。1つめの堰堤までを釣って退渓したほうがよい。

●支流・ツブレ沢

合流点から堰堤までを釣り、川通しで帰る。水量がある間は好釣果を期待でき

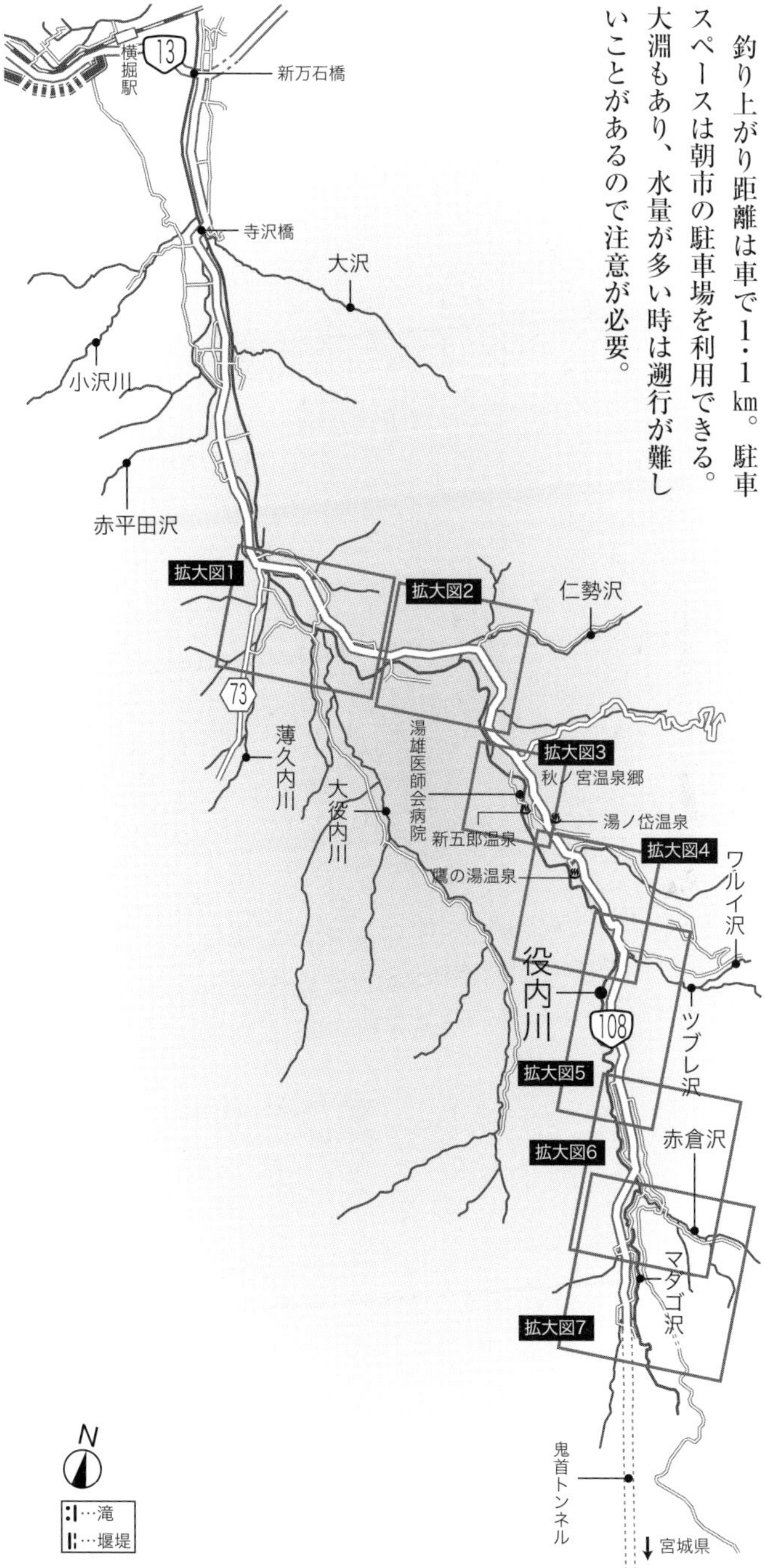

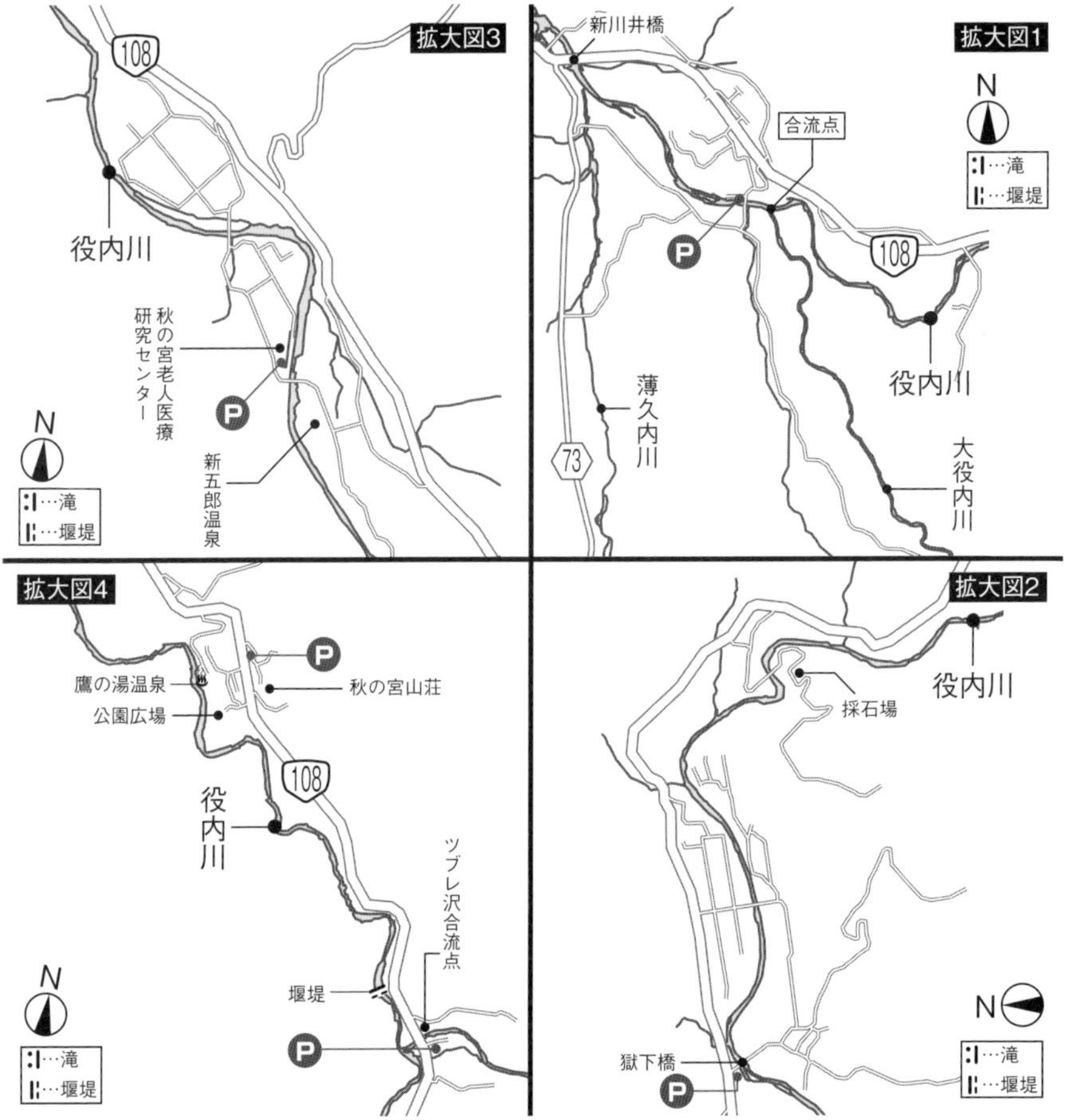

る。さらに上流を釣るには、湯ノ又温泉に向かう道路沿いに、途中のワルイ沢との合流点に向かう林道があるので、ワルイ沢を渡り歩いて入渓したい。ケモノ道状態の道は右岸にあるが、川通しで帰るのが無難。クマも多いので危険。駐車スペースは林道起点すぐにある。

●畑集落2つめの堰堤以遠

釣り上がり距離は車で0・7㎞。通称、役内ロングコースと称されるメインのエリアだ。流れは変化に富み、渓相もよく大ものも期待できる。フライの絶好コースとして知られる。

ここに直接入るには、峠の駅ラフォーレ栗駒から上流に500mほど進んだ右道路脇に祠があるので、その裏を降りる。傾斜がきついので注意が必要。降りると畑堰堤上に出る。退渓地点は赤倉沢、マダゴ沢合流地点までで、釣り上がり距離は車で2・6㎞ほど進むと右岸沿いに林道が見えるので、適当な場所から退渓するとよい。

赤倉沢、マダゴ沢に直接向かうには、

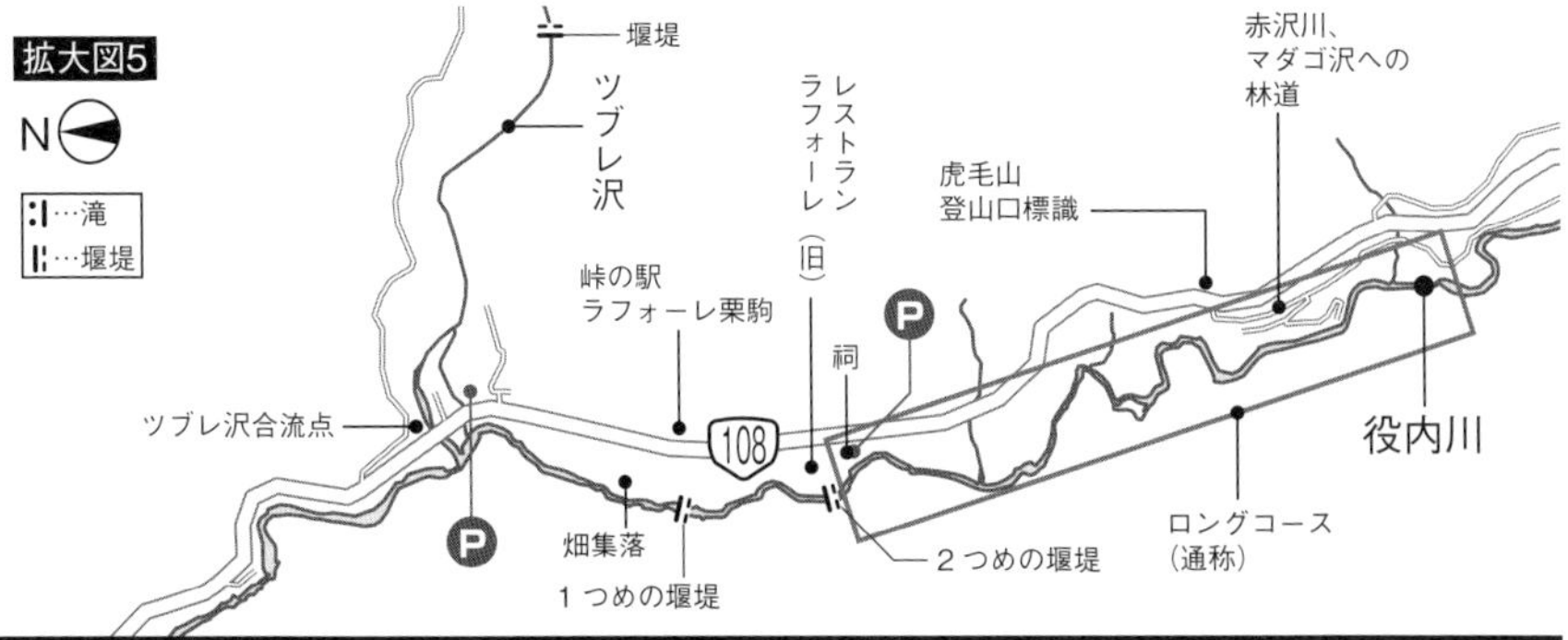

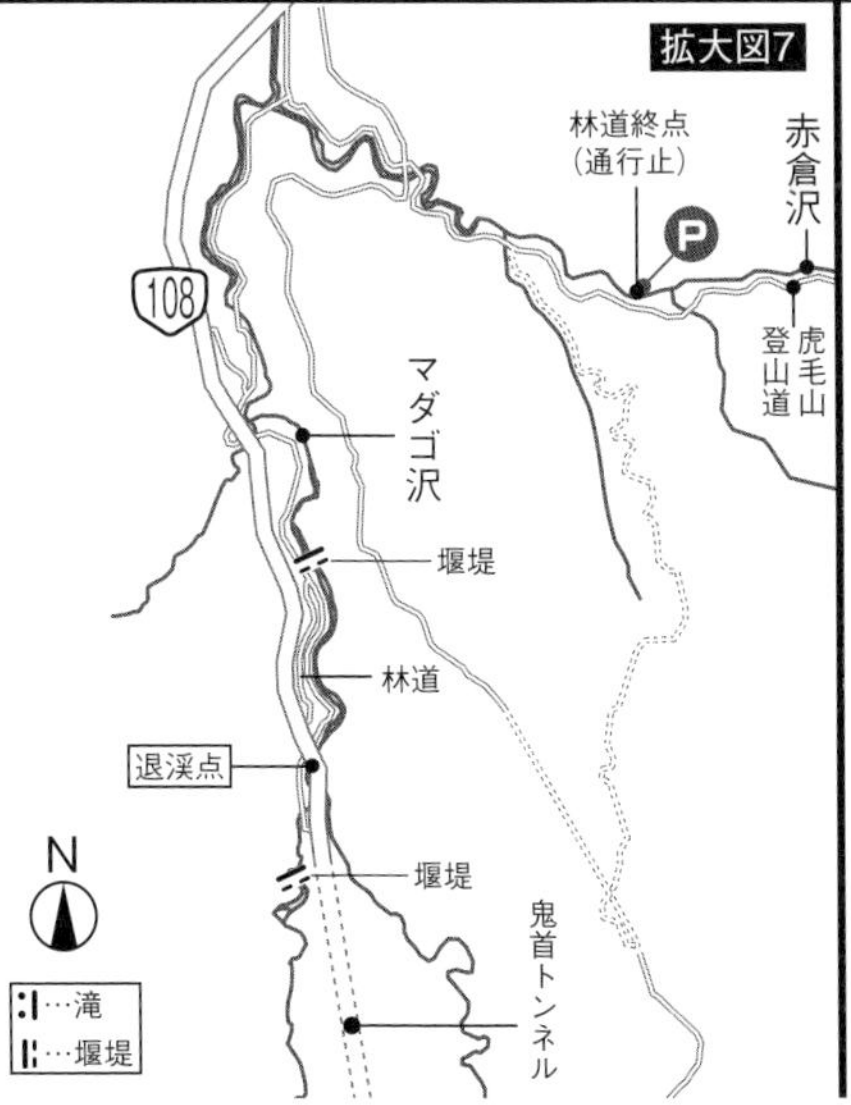

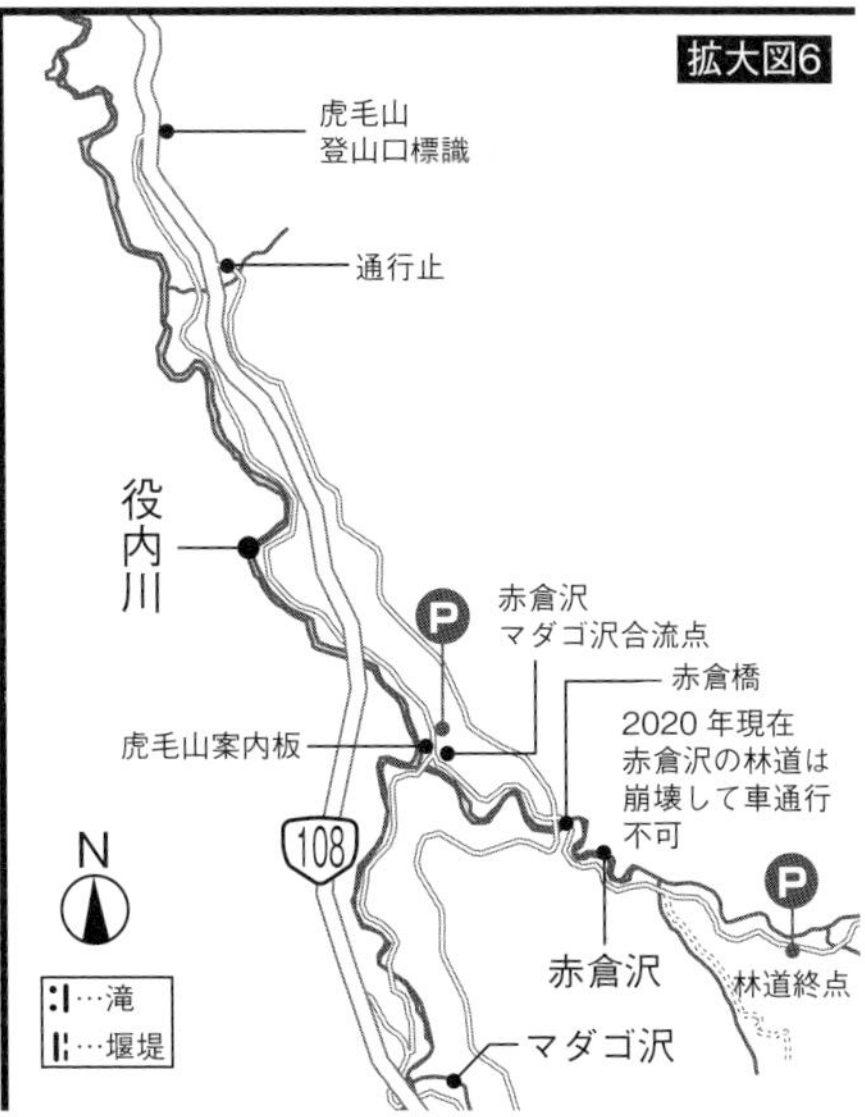

国道１０８号の「虎毛山登山口」標識から川方向へ下りて林道を進む。

●合流から支流・赤倉沢

魚影は多いが渓が狭くなり釣りづらい。駐車スペースは合流点に数台ある。林道は２０２０年現時点では崩壊して車での通行は無理だが徒歩で行ける。

イワナがねらえるポイントが続くが、ヤブが多く釣りづらい。谷が深く国道からも離れていくので、初心者の単独釣行は控えたほうが無難。クマも多いので注意したい。虎毛山に向かう登山道が左岸にあるので、それを目安に入退渓できる。

●合流からマダゴ沢

堰堤を１つ越えた鬼首トンネル付近までがお勧め。やや狭いが、全盛期には良型がねらえる。退渓は雄勝トンネル手前の、橋が頭上に見える左岸に上がると壊れた林道があるので合流まで戻り退渓するか、分かりづらければ川通しで戻る。

（佐藤敏彦）

阿仁川水系
小阿仁川源流

大旭又《あさひまた》沢・大蓋《おおぶた》沢

ブナの森を流れる美しい源流の渓とイワナたち
余裕のある源流泊釣行がお勧め

大旭又沢は、米代川の支流である阿仁川支流、小阿仁川の源流であり、秋田を代表する名峰、太平山を源に発している。かつて小阿仁川の源流部には萩形《はぎなり》集落があり、萩形ダムの建設とともに離村した。

今でも大旭又沢と萩形沢が合流する手前には、離村記念碑と分校跡地が残る。

●県道からの長いアプローチ

大旭又沢へは、五城目から米内沢へ抜ける国道２８５号の秋田峠を越えた南沢から県道１２９号に入り、萩形ダムから林道を走る。萩形ダムから五城目へ抜ける萩形臼内峠は通行止め。萩形ダムを過

大旭又沢、大蓋沢のイワナは、白い斑紋が大きいアメマス系だ

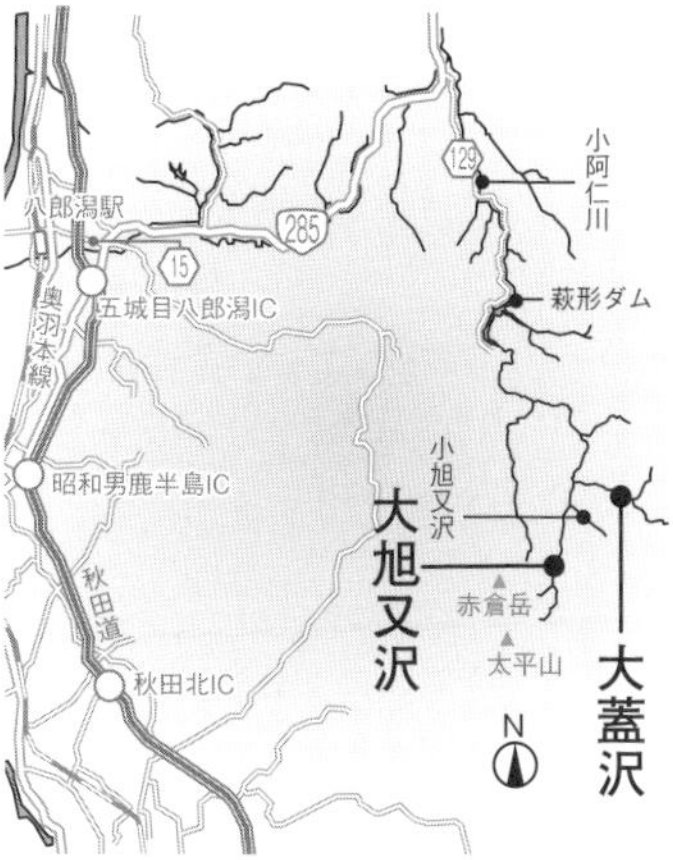

information

●河川名　阿仁川水系小阿仁川源流
大旭又沢・大蓋沢
●釣り場位置　秋田県北秋田郡
上小阿仁村
●主な対象魚　イワナ、ヤマメ
●解禁期間　4月1日～9月20日
●遊漁料　日釣券1500円・
年券6000円
●管轄漁協　阿仁川漁業協同組合
(Tel0186-72-4540)
●最寄の遊漁券発売所
阿仁川漁協事務所
(Tel0186-72-4540)
●交通　秋田自動車道・五城目八郎潟IC を降り県道15号、国道285号、県道129号を経由して萩形ダム方面へ

大蓋沢・ナメの大淵を釣る。エサ、テンカラ、ルアーと多彩に楽しめる

ぎると未舗装路になり、萩形平のキャンプ場から先は草が生い茂るが、車は通行できる。南沢の入口からキャンプ場まで23km、入渓地点の樽沢合流点までは7kmくらいある。

萩形林道と分かれ、大旭又を渡る橋を越えると、右に行く林道がある。この林道が大旭又沢と大蓋沢へ続く道になるが、すぐに車止になる。狭い車止なので、樽沢を少し行った所の広い駐車スペースを利用したい。林道が消えると大旭又沢の右岸に沿って杣道が続いている。伐採の森林軌道だったのだろう。道の下には石積みが残る。ところどころ崩れている箇所があるが、問題なく歩ける。大蓋沢の合流点までは普通に歩いて50分くらいだ。

大蓋沢合流点からは、かつては大蓋沢沿いの左岸側、大旭又沢の右岸側に森林軌道が続いていたらしいが、大旭又沢の道は完全になくなり、大蓋沢の道もほとんど歩けない。萩形平のキャンプ場を利用して日帰り釣行をする人もいるようだが、源流泊を経験するなら、合流点の大旭又沢側の左岸ブナ林の中に平らな幕場

大旭又沢と小旭又沢の合流点。左が小旭又沢

大旭又沢のトロ場は長くて広い。飛距離のあるルアーやフライ向きだ

適地がある。ここをベースに大蓋沢と大旭又沢を釣るのがよいだろう。

●フライやルアーに有利なポイントも

大旭又沢も大蓋沢も昔に比べると川が砂で埋まり、フラットな流れになってしまった。それでも深みのポイントがあるので、エサ、テンカラ、ルアー釣りが楽しめる。大旭又沢の流程は合流点から長い。途中に大きな支流、小旭又沢と岩魚沢のほかに数多くの支流が入っている。岩魚沢の上流には大滝2段10mがあり、魚止滝はさらに奥の7m滝といわれている。太平山に詰め上がるのでなければ、容易に魚止滝まで行き着くことは出来ないだろう。合流点から釣り上がり、戻る時間を考えて納竿するのがよい。

大旭又沢と大蓋沢の水量の比率は、2：1くらいで大旭又沢の規模が大きい。水量が多ければ徒渉するのも大変である。林道の雪がなくなるくらいから入渓する人もいるようだが、雪代が入れば徒渉は難しい。その点、大蓋沢は徒渉が少なくてすむので、雪代が多少入っていても釣

大旭又沢をルアーで釣り上がる。大型のイワナが期待できる

大旭又沢でルアーにヒットしたイワナ

大旭又沢と大蓋沢の合流点。奥が大旭又沢だ

大旭又沢は河原とトロ場が延々と続く渓相だ

大蓋沢の上流に行くと岩が大きくなり、少し斜度が上がる

りになるだろう。いずれにしても人気の沢で入渓者は多いが、ポイントも数多くあり、全く釣れないことはないと思う。むしろ、夏の渇水期が難しい。しかもメジロアブが大発生するので、お盆時期は防虫ネットなしでは釣りにならない。

大旭又沢、大蓋沢のメインはイワナだが、水温によってはヤマメが釣れることもある。大旭又沢に入渓すると、河原とトロ場が延々と続く。河原の流れに魚が入っていれば、テンカラで楽しめる。トロ場は長いのでエサ釣りやテンカラでは魚を追ってしまう。こういったポイントでは、フライやルアーが有効になる。トロ場にイワナが群れていることが多いので、同じポイントで数尾釣れることがある。小旭又沢にもイワナがいるが、水量が乏しいとポイントも少なくなってしまう。滝までは釣ることが可能だ。

本流筋でのエサ釣りは流れの対岸をていねいに流せば釣果が上がると思う。

大蓋沢は、最初から河原で、すぐに岩盤の大淵が現われるが、なんなく通過できる。その後も河原が続くが、瀬に魚が

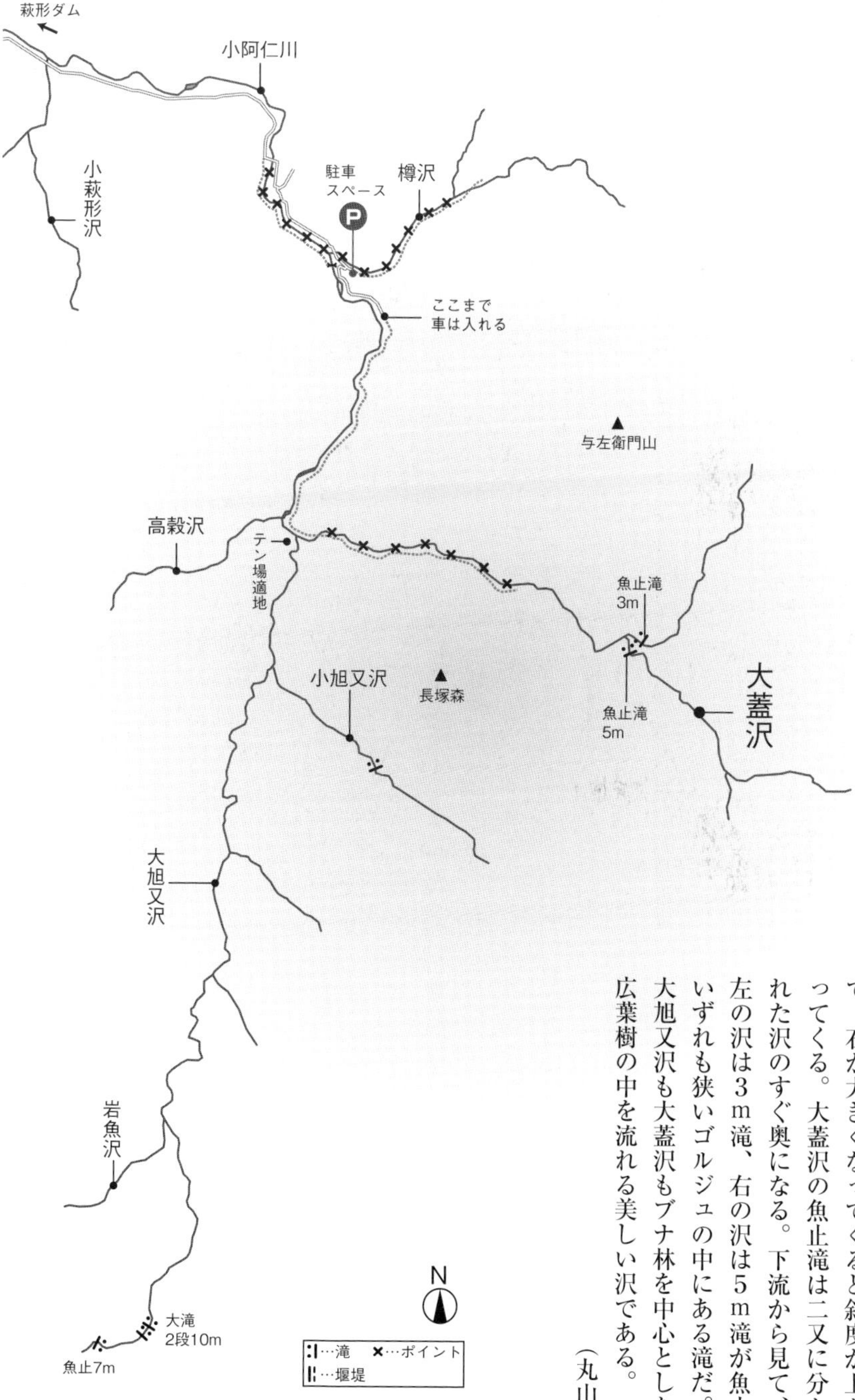

いれば面白い釣りができるだろう。やがて、石が大きくなってくると斜度が上がってくる。大蓋沢の魚止滝は二又に分かれた沢のすぐ奥になる。下流から見て、左の沢は3m滝、右の沢は5m滝が魚止。いずれも狭いゴルジュの中にある滝だ。大旭又沢も大蓋沢もブナ林を中心とした広葉樹の中を流れる美しい沢である。（丸山）

米代川水系
阿仁川支流

小又川《こまた》

初期は尺上イワナ、盛期は体高のある美形ヤマメねらい
5月下旬以降にハイシーズンを迎えるダム間の渓流

森吉山を水源とするいくつもの沢からなる小又川。阿仁前田地区で阿仁川に合流するこの川には上流側に森吉ダム（太平湖）、下流側に森吉山ダム（森吉四季美湖）がある。今回紹介するのは、そのダムとダムの間のエリア。途中に発電所もあり、水量や水温の変化が釣果を大きく左右する要素になるため、安定した釣果が期待できるのは5月下旬からだ。

この地域は解禁当初でも残雪が多い。広い流れの中にヤマメやイワナの姿は少なく、多くの釣り人は本流を避けて枝沢でサオをだす。初期は昨秋産卵遡上した枝沢に魚影が多く、ポイントも絞りやすいため好都合だ。場所によってはカンジキも必要だが、雪の間の流れから顔を出す少しサビの入った魚体は何ともいえない可愛らしさがある。

5月連休頃には雪代がピークを迎える。森吉ダムから太く流れ下る水は一旦、小又川第一発電所取水場で汲み上げられる。この水は小又川第一発電所で放水されるのだが、取水前の水量のままでは遡行が困難な場所も多く釣りづらいため、取水が始まる頃から徐々に水量が安定しだすと、いよいよハイシーズンの到来である。

●盛期はさまざまなスタイルで楽しめる

このエリアは変化に富んだポイントが多く、さまざまな釣り方で楽しむことができる中規模渓流だ。大石や岩盤、大淵などで形成された渓相は、大ものが潜むポイントも多々あり、水温が低い時期は尺超えのイワナが連発することもある。水温が安定して羽化した水生昆虫が飛ぶようになると、ヤマメが活発に反応しだす。そうなるとフライ、テンカラ、ルアー、エサ釣りとすべてよく、それぞれのスタイルで楽しめる。

ルアーでは、リトリーブ中に数尾が絡

information

●河川名　米代川水系
阿仁川支流小又川
●釣り場位置　秋田県北秋田市
●主な対象魚　イワナ、ヤマメ
●解禁期間　4月1日～9月20日
●遊漁料　日釣券1500円・
年券6000円
●管轄漁協　阿仁川漁業協同組合
（Tel0186-72-4540）
●最寄の遊漁券発売所　国民宿舎森吉山荘（Tel0186-76-2334）、ファミリーマート阿仁前田店（Tel0186-60-7410）
●交通　東北自動車道・十和田湖ICを降り国道103、285、105号、県道309号を経由して森吉山ダム方面へ

小滝橋上流の渓相。落差も出てきて少しずつイワナの姿も多くなる

み合いながらチェイスする光景もしばしば見られる。フライでは、水生昆虫をたくさん食べた幅広魚体のライズに、キャスティング中も次は出るかと心臓ドキドキ、フッキングと同時に今度はバレないでくれと心臓バクバク。6月も中旬になれば丸々と太った魚体が頻繁にアタックし、元気に楽しませてくれる。ただし減水したハイシーズンはプレッシャーも高く、キャストは一発目が勝負。ポイントに正確に送り込めるかが釣果の分かれ目。また、大場所にももちろん魚はいるが、こんな時こそ普段見落としやすい小さなポイントが意外にヒットのチャンスあり！　エサ釣りの場合は川虫をメインにキヂなども用意し、瀬の中では活性の高い魚を、大淵では探りきれずに残った大ものが潜んでいる場合も多く、しっかり底をとってねらうようにしたい。以下は主なエリアの解説である。

●砕渕橋～小滝橋

小又川第一発電所より下流は、放水の影響により普段から水量がやや多く、岩

森吉山荘近くの橋上流。山荘を拠点に腰を落ち着けて釣るのもよい

砕渕橋上流の流れ。岩盤の厚い流れには大ものが潜む気配充分

いろいろな釣り方でヤマメが手にできる渓だ

深渡橋上流の流れ。ここからは旧道跡もあり入川しやすい

盤の渓相と大淵には大ものが潜む気配充分。川幅も広くルアーやエサ釣り（本流ザオ8mクラス）向き。ただし入川場所が少なく、砕渕橋下流はヤブ漕ぎになるため、川まで降りる際は足元に充分注意が必要。1つ上の深渡橋からは旧道跡もあり入川しやすい。発電所上流からは大石も多くなり、水量も少なめで一段と渓流相が増す。フライ、ルアー、エサ釣りと何でもよし。イワナもいるがヤマメがメインターゲットになる。

●小滝橋～小又川第一発電所取水場

小滝橋より入川し、途中高巻が必要な箇所もあるが大小さまざまなポイントがあり、少しずつイワナの姿も多くなる。瀬の中はヤマメ、岩盤の溝や石裏からはイワナが元気にアタックしてくれるはず。盛期はフライやルアーがテンポよく釣りやすい。

●小又川第一発電所取水場～森吉ダム下

ここからまた川幅が広がり、水量も多いエリア。発電所の放水口から下流に似

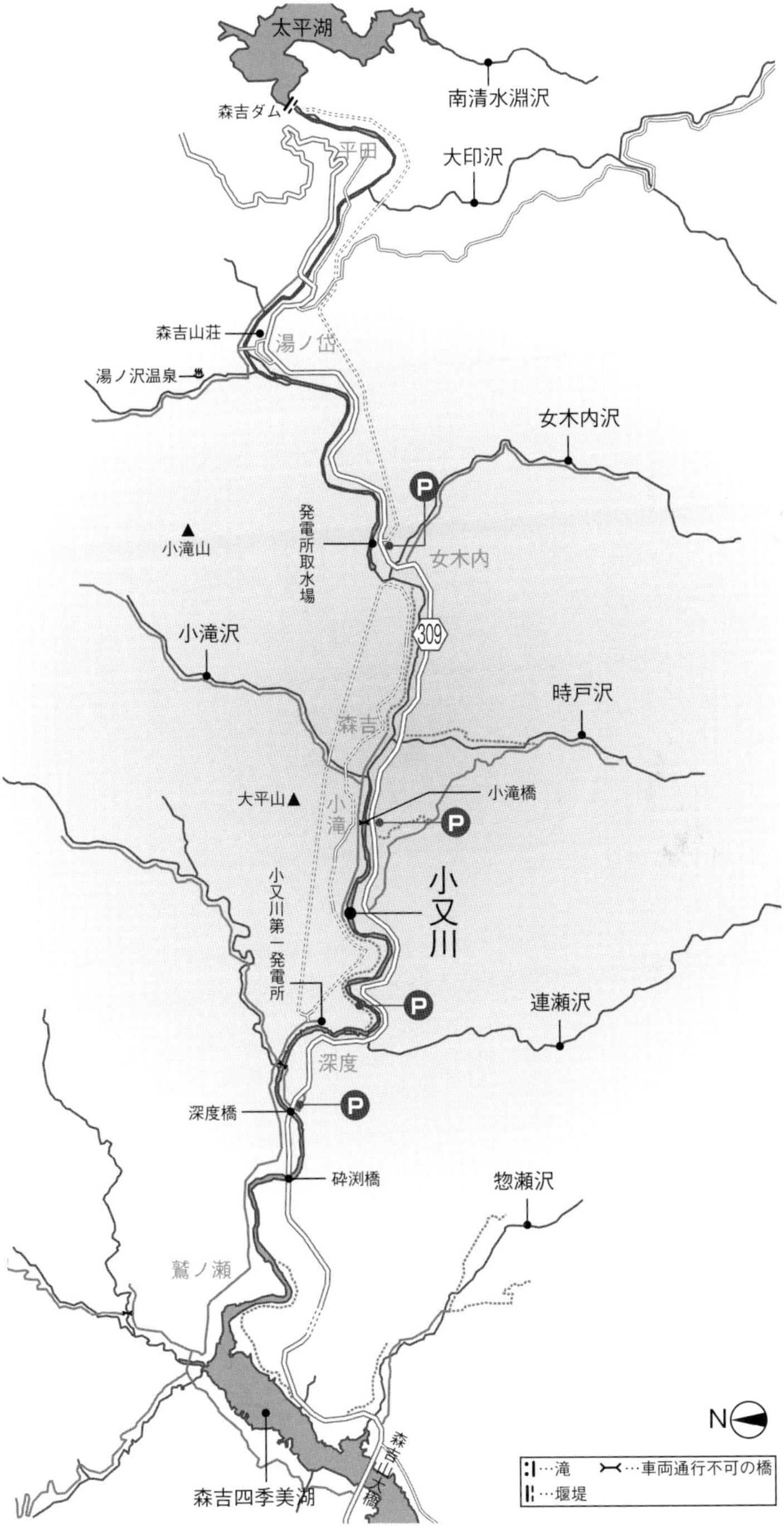

た渓相になり、ポイントは大きくなるものの、ここぞと思う場所では根気強くねらいたい。下流の中間エリアよりも水の透明度が低いため、川通しで釣り上がるのに困難な箇所もある。また川底も滑りやすく、川の中を歩く際は充分注意してもらいたい。

最後に、釣りで楽しんだ後は「国民宿舎森吉山荘」にもぜひ立ち寄ってほしい。疲れた身体は温泉に入って元気回復。もちろん宿泊も可能で、ここを拠点にじっくり紹介したエリア全体や、時間に余裕があれば周辺河川を探ってみるのもよい。

釣りも温泉も大自然を満喫できる、最高のロケーションが待っている。（九嶋）

米代川水系
阿仁川支流

打当川《うっとう》

マタギの里の川のキャッチアンド・リリース区間
魚影が復活しビッグワンとの出会いも

秋田の3大河川・米代川最大支流の阿仁川は、橅《ぶな》森をはじめとする1000m級の山々から発し流程も長く、イワナ、ヤマメのほか、天然アユやサクラマスでも知られる一級河川。支流も数多く釣り場には事欠かない。今回はその中から手軽に入退渓できる打当川のキャッチアンド・リリース区間を紹介したい。また、私はフライフィッシャーなので、釣り上がりの時間などはフライの場合となる。

米代川最大支流の阿仁川へと注ぐ打当川は、キャッチアンド・リリース区間も整備された美しい流れだ

近年、同区間は釣り人が少ないように思え、先行者と会うことも少なくなった。「魚が薄くなった」という話を聞くこともあり、そんなうわさが釣り人を遠ざけている原因かもしれない。確かに釣果があまりよくない時期が一時あったが、漁協の放流等で魚影は復活してきた。私が訪れた2020年9月も、良型のヤマメに尺上イワナも数尾出て充分に楽しい釣りを味わえた。

キャッチアンド・リリース区間中流で釣れたヤマメ。アベレージサイズだ

information

●河川名　米代川水系
阿仁川支流打当川
●釣り場位置　秋田県北秋田市
●主な対象魚　イワナ、ヤマメ
●解禁期間　4月1日～9月20日
●遊漁料　日釣券1500円・
年券6000円
●管轄漁協　阿仁川漁業協同組合
（Tel0186-72-4540）
●最寄の遊漁券発売所　ファミリーマート阿仁前田店（Tel0186-60-7410）、打当温泉マタギの湯（Tel0186-84-2458）
●交通　秋田自動車道・鷹巣ICか大館能代空港ICより国道105号を南下し県道308号に入って釣り場へ

●ビッグワンのチャンスも望める
下流区間

打当温泉から「くまくま園」へ向かう前山橋を下流端、中ノ又沢の出合の中の又橋を上流端とする4・1kmがキャッチアンド・リリース区間だ。岩井ノ又沢の合流点を境に、上・下流に分けて考えるとよいと思う。

下流区間は、ゆっくり釣って一日コースが目安。前山橋の前後から入渓出来る。所々に護岸や落差もあり、どこからでも入れるわけではない。また下流側は深い淵が多く、雨後は徒渉困難な箇所もあるので無理は禁物。ただし淵の前後には良型のイワナやヤマメが棲みつき、タイミングによってはビッグワンが望める。

釣り上がると中間地点にも入渓点があり、ここから上流が大岩や淵の混在するよい渓相になってくる。ルアーとフライでは前者に分があると思うが、イブニングや、時期によってはフライでもよい釣りができる。ここぞというポイントでは、工夫しながら釣り上がるとよいだろう。

この区間は駐車帯もあり、車の置き場

岩井ノ又沢合流部の流れ。ここは入渓点にもなっている

キャッチアンド・リリース区間の下流域となる打当温泉500m上流の渓相

支流となる岩井ノ又上流の渓相。クマがよく出没するので要注意

岩井ノ又沢合流点から300m上流にある堰堤。ヤマメが中心でイワナもよい

には困らない。ただし、近隣住民の方々の迷惑にはならないように。

●上流区間は全体を釣り上がると4～5時間コース

岩井ノ又沢合流点の橋のすぐ上から川へ楽に入れる踏み跡がある。入渓してすぐの平瀬は、ちょっとした緩流帯や岸際に良型が付いていることがある。300mくらい上流に堰堤がある。ここは水路を右巻するが、その直下の泡溜まりには良型が潜んでいる時があるので、一度探ってから巻いたほうがよい。

堰堤から中ノ又沢合流の退渓点までは瀬と淵の繰り返し。ヤマメが中心でイワナもよい。またこの区間の道路中間辺りに、100mほど直線で川側に退避所が設けられた場所がある。そこを起点に上・下流に分けると、それぞれ2時間～2時間半コース。全体をゆっくり釣り上がると4～5時間が目安。

前記の退避所の下流で名もない小沢が道路側から流入し、すぐ上流側に、緩い尾根のように斜面が形成されている。ここから入退渓すると楽だと思う。この先にも何箇所か上がれる場所はあるが、崩れやすい小さな岩斜面のため注意してほしい。

最後に、繰り返しになるが下流部では私有地への立ち入りや迷惑駐車にならないように心がけていただきたい。地元の方がおられる時は、あいさつをして確認する心の余裕を持ちたいものだ。この辺りもクマがよく出没するので、貴重な情報を教えていただけるかもしれない。

阿仁といえばマタギの里。時間があれば、マタギ資料館を訪れ、マタギ文化に触れてみてはいかがだろうか。また近くには打当温泉をはじめ、老舗旅館や民宿もある。泊まりがけで夜は釣り談義とご当地料理を肴に一杯！　というのもお勧めだ。

（佐藤　渉）

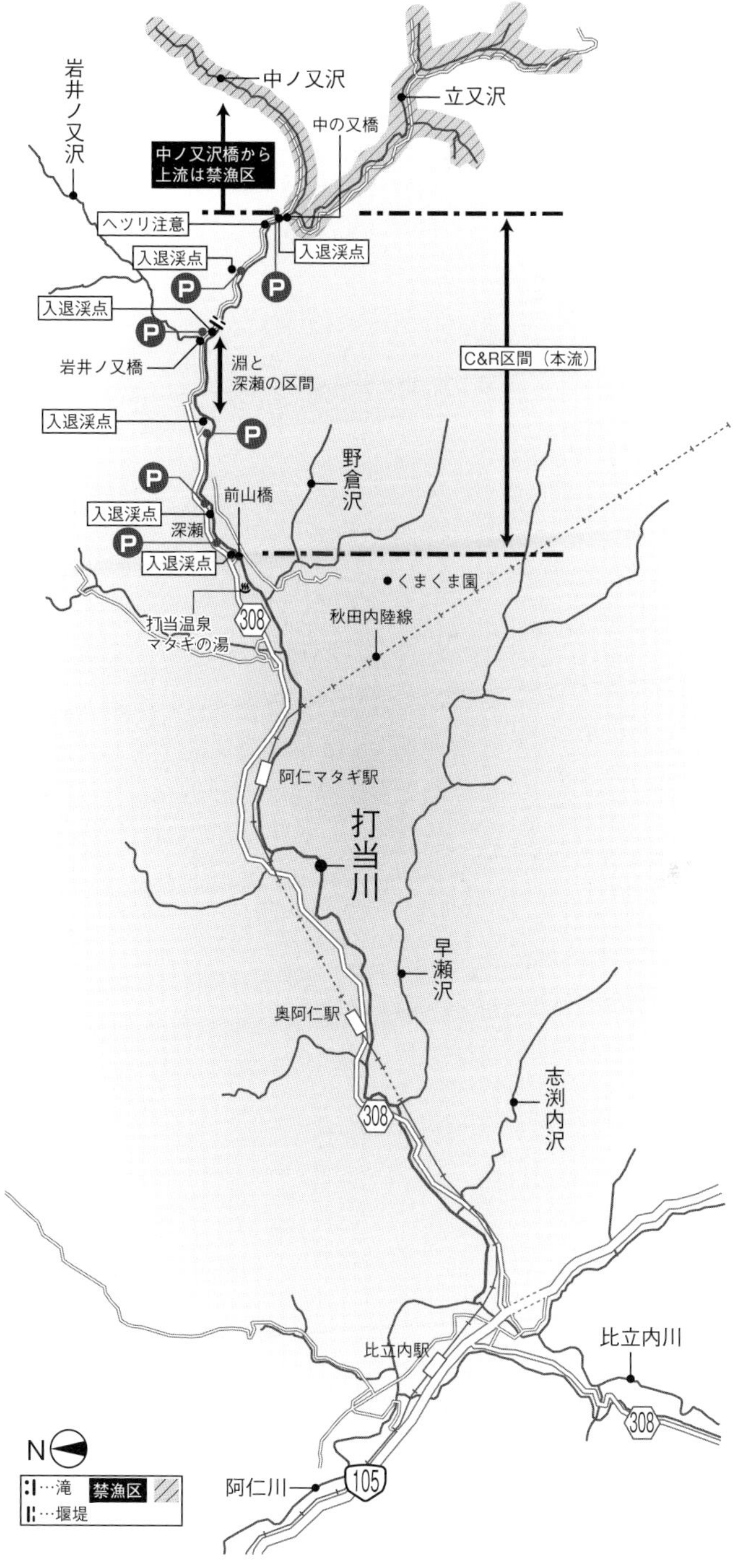

阿仁川水系
打当川支流

戸《と》鳥《とり》内《ない》沢

阿仁マタギの里の見逃せない小渓
野性味あふれるイワナがお出迎え

阿仁川は、北秋田市の阿仁で比立内川と打当川に分かれる。戸鳥内沢は打当川の支流で、森吉山に詰め上がっている。東北地方には「内」が付く地名が多い。アイヌ語の名残といわれ、「内」はアイヌ語で川を意味するそうだ。この周辺は阿仁マタギと呼ばれる猟師が暮らす集落の地域で、今でも熊撃ちをしているマタギがいるそうだ。また阿仁は金、銀、銅などの鉱石が採れることから、昭和52年まで阿仁鉱山が開かれ、鉱物運搬のために秋田内陸縦貫鉄道が引かれ、今も第三セクターとして鷹巣〜角館間を走っている。

1番目と2番目の堰堤間の渓相。河原が続きイワナが手にできる

戸鳥内沢への入渓は、森吉山登山口の看板を左折し、栩木《とちのき》沢の集落から林道に入る。以前はその林道がなく、森吉山への登山道だけだった。それゆえに栩木沢集落から上流には堰堤がなかった。今は伐採と堰堤工事のための林道が川に沿う。林道をしばらく走ると、川に最も近づくのでその辺りに車を停める。目印は、その先で林道が分かれて登り坂になり、小沢が横切るので分かりやすい。

●日帰りでも渓泊りでもOK

杉林の斜面を降りて行くと最後は急斜面になるが、降りられそうな場所を見つけて沢に出る。すぐ下に幅の広く高い1つめの堰堤があるので上に降りたい。上流には2基の大きな堰堤があるが、1基目は左岸側、2基目の堰堤は右岸側から容易に巻ける。堰堤の間は河原が続き、イワナがいるので、急がなければじっく

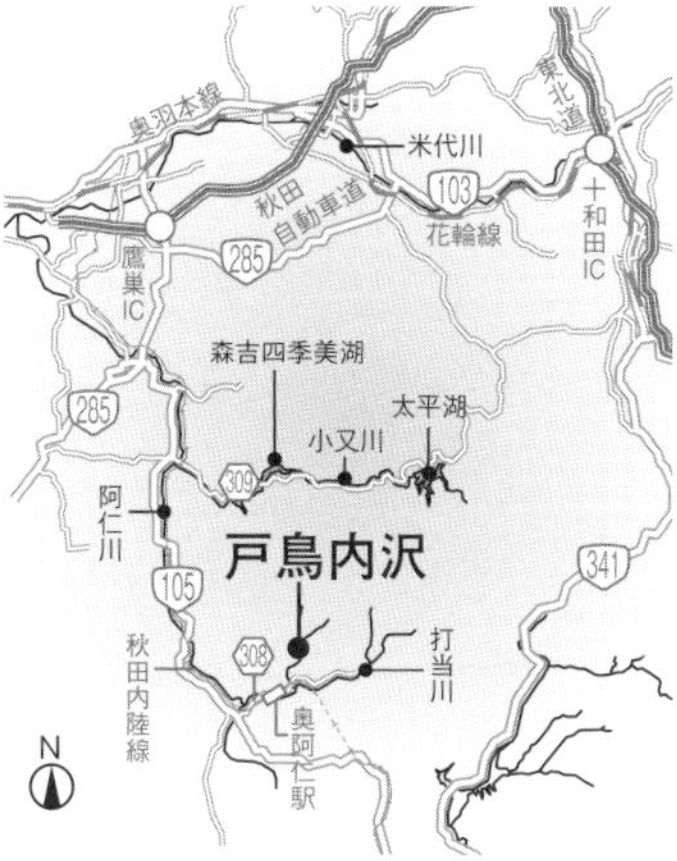

information

- ●河川名　阿仁川水系
  打当川支流戸鳥内沢
- ●釣り場位置　秋田県北秋田市
- ●主な対象魚　イワナ
- ●解禁期間　4月1日～9月20日
- ●遊漁料　日釣券1500円・
  年券6000円
- ●管轄漁協　阿仁川漁業協同組合
  （Tel0186-72-4540）
- ●最寄の遊漁券発売所
  ファミリーマート
  阿仁前田店
  （Tel0186-60-7410）、
  打当温泉マタギの湯
  （Tel0186-84-2458）
- ●交通　東北自動車道・十和田湖ICを降り国道103、285、105号、県道308号を経由して戸鳥内沢へ

りと釣っていきたい。テンカラで泣き尺イワナが釣れたことがある。

2基目の堰堤を過ぎると、その先に大きな淵のある滝が現われる。滝壺にイワナが溜まっていることがあるので、じっくりとエサ釣りで探りたい。滝を右岸のネマガリタケの急斜面から巻くと、その先はゴルジュになる。ゴルジュの間は魚影が少ないようで、ここは左岸側をヘツリで越える。その先はふたたび河原となる。しばらく行くと林道が沢を横切る。林道は、車は通れないが歩くことは可能だ。左岸側が広くなっているので、ベースに戸鳥内沢を釣るなら、そこがベストだろう。あるいは、ここから入渓することも可能だ。そうすれば堰堤下を釣ることはないし、林道を登ると、車が通る林道に突き当たるので、それを下れば車に戻ることができる。

林道から先の河原は倒木やヤブが被って釣りづらいが、イワナはいるのでチョウチン仕掛けがよい。左岸側の杉林にはかすかに踏み跡が続き、上流の伐採地までは行くことが可能だ。その

松倉沢との合流点の流れ。上流には取水堰堤がある

ゴルジュ手前の大きな淵のある滝。右岸から巻くことができる

戸鳥内沢上流のイワナはオレンジ色が強い

松倉沢の上流にある取水堰堤。この上流は木が被り沢が狭くなる

先はヤブなので河原を行ったほうがよい。河原はヤブもなく、テンカラが振りやすい。ていねいに流せば6、7寸のイワナが釣れる。

●腹部や斑点のオレンジ色が濃いイワナが多い

河原が終わると右岸から松倉沢が出合う。松倉沢は斜度があまりない林の中に石が多い渓相が続く。ていねいに探ればそれなりの釣果が得られる。上流には取水堰堤があり、堰堤から水路に沿って踏み跡が林道まで続くので、それを使って戻るのもよい。堰堤の上流は木が被り、沢が狭くなるがイワナはいる。

出合から戸鳥内沢へ入ると大石が多くなる。両岸はブナ林になり、石は苔むし、緑に包まれた落差のある渓相は源流らしさを感じられる。大石から落ちる流れの淵はイワナが多い。テンカラでもエサでも釣りやすい。戸鳥内沢のイワナは全体が黄味がかり、腹や斑点のオレンジ色が強い。戸鳥内沢を釣り上がって行くと、上流にナメの小滝が現われる。右岸側から登ると、その先に阿仁スキー場方面から松倉沢の上流を横切る林道がある。この辺りは林道を利用する入渓者が多いのか、魚影が少なくなってくる。下から入渓するならこの辺りまでが一日の釣りになるだろう。

魚止はどこなのか不明だが、この渓相だとかなり上流までイワナがいるのではないかと思う。上流を釣るなら、阿仁スキー場からの林道を使って入渓するほうがよいかもしれないが、どこまで車が入れるかは確認していない。最後に、戸鳥内沢でよい釣りをするなら、5月下旬の雪代が落ちた頃がよいのではないかと思う。

（丸山）

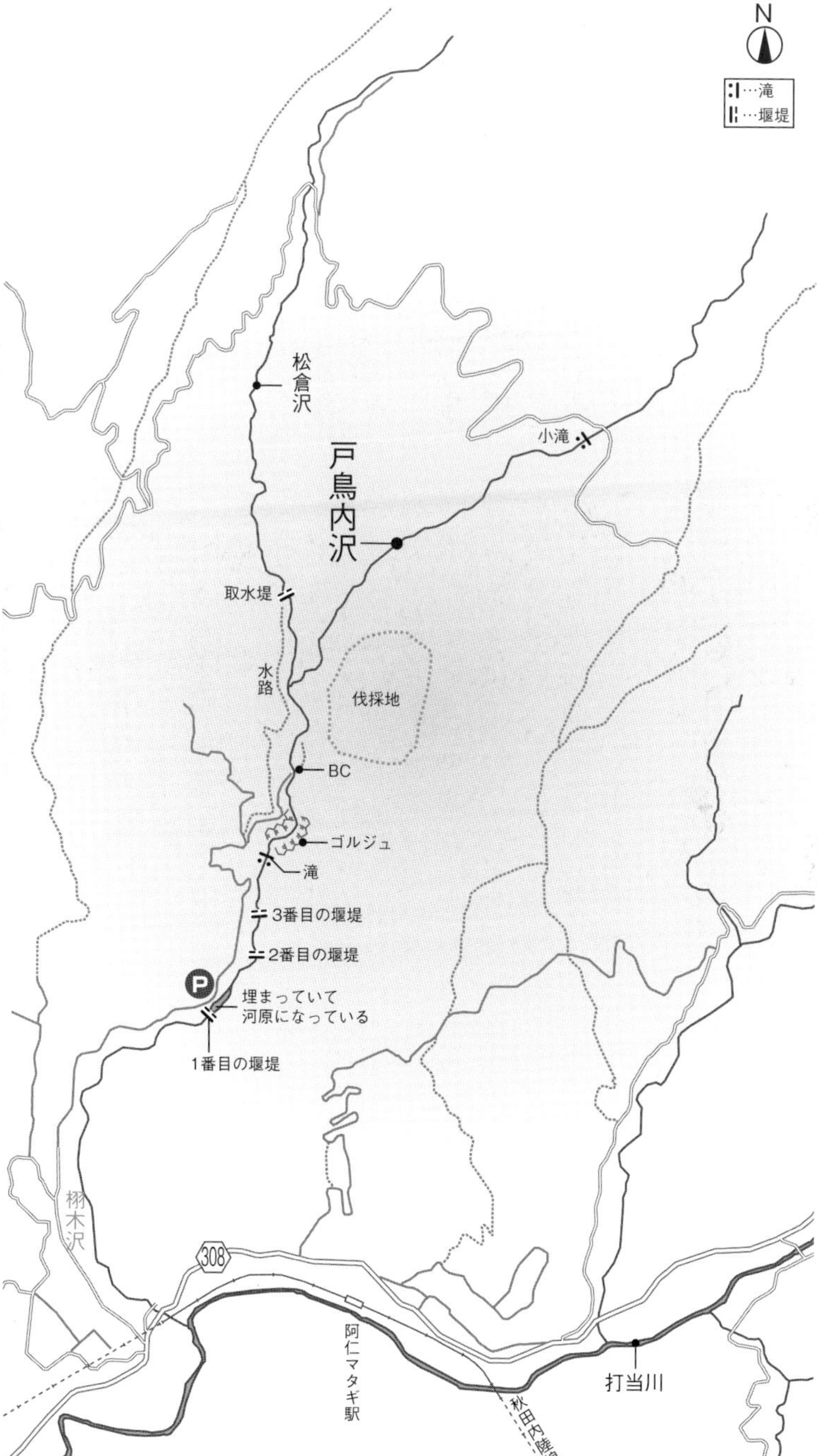

阿仁川水系
打当川支流

打《うっ》当《とう》内《ない》沢

身を潜めながらの「忍者釣り」
大岩も多く上流部は源流釣りの雰囲気漂う渓相

打当川に流れる枝沢の打当内沢。上流には秋田県水産振興センター内水面試験池、近くには打当温泉や「くまくま園」（熊牧場）などの観光施設もある。そしてこの辺りはマタギで有名な地域である。森吉山山頂がすぐ近くに見える打当内沢は、解禁当初はまだ雪深く、雪上を移動しての釣りになることが多い。この時期はカンジキ等が必要となる。また初期の流れは雪下に隠れているところもあり、水量も少なくエサ釣りがメインになる。

打当内沢には堰堤がいくつかある。地図に示した堰堤を境に下流はヤマメとイワナの混生、上流はイワナのエリア。全体的に仕掛けは長く張らずに釣り上がるが、堰堤などの大場所では長仕掛けに張り替えるか、天井イトで長めに調整して隅々まで攻略したい。エサは市販のキヂやブドウ虫で充分だが、川虫が用意できれば魚の反応はよいようだ。

連続する小さな淵、トロ、石裏などの緩い流れを中心にねらうと渓漁が手にできる

連続する小さな淵、トロ、石裏などの緩い流れを中心にねらうが、ポイントになる流れが短いところが多く、やや重めのオモリでしっかり沈めてゆっくり流すのが重要。川にはなるべく入らず、岸寄りからサオをだすのがよいが、周りの木や枝に仕掛けが絡みやすくなるため、長めの小継ザオ（5・3〜6・1m）に短めの仕掛けでテンポよく流していく。

初期は多少サビて黒っぽい魚体が多いもののやせ細った魚は少なく、盛期のコンディションに期待させられる。堰堤もまたこの時期は魚影の多いポイントで、数もねらえるが大もののチャンスも多く、じっくり粘りたい。

だんだんと天気がよくなり水温も上が

information

●河川名　阿仁川水系
　打当川支流打当内沢
●釣り場位置　秋田県北秋田市
●主な対象魚　イワナ
●解禁期間　4月1日～9月20日
●遊漁料　日釣券1500円・
　年券6000円
●管轄漁協　阿仁川漁業協同組合
　（Tel0186-72-4540）
●最寄の遊漁券発売所
　ファミリーマート
　阿仁前田店
　（Tel0186-60-7410）、
　打当温泉マタギの湯
　（Tel0186-84-2458）
●交通　東北自動車道・十和田湖ICを降り国道103、285、105号、県道308号を経由して打当内沢へ

って来ると、魚の活性は一気に高まり、中層や水面近くに見えたりするようになる。釣り人は仕掛けの投入点や立ち位置を考え、魚に気づかれないように物陰に身を潜めながら振り込む機会が多くなる。

　雪解けとともに水量が増し始める頃、大岩や大石の多いこの沢は雪の下にも川が流れているところが多く、川岸でも落とし穴のように雪が崩れ落ちる危険性もあるため、充分な注意が必要。私事だが崩れ落ちた際にカンジキが雪で埋もれて足が抜けなくなり、同行者に手を貸してもらった経験がある。単独よりは仲間同士での釣行をお勧めする。

　その年の積雪量と春の気温にもよるが、例年4月中旬からゴールデンウィークにかけては雪代が出て、川通しが困難になるほど増水する。雪崩の可能性もあり、釣りは一旦お休み。連休明けにはそれも落ち着き、水量が安定しだすとハイシーズンに突入する。いよいよ魚と本当の知恵比べ。石裏や泡の中、瀬尻や淵尻と付き場を変える魚に、水中を流れる仕掛けに食いつく瞬間を

堰堤を境に下流はヤマメとイワナの混生、上流はイワナの渓となる

透明度の高い流れは川底の変化や深度が分かりやすいが、魚に自分の姿を気取られないようにしたい

解禁当初はまだ雪深く、雪上を移動しての釣りになる

ちょっとした巻き返しに仕掛けを入れると、小気味よいアタリが迎えてくれる

想像してアプローチする。渓相的にポイントも絞りやすく、水の透明度は最高で、川底の変化や深度が分かりやすい反面、魚に自分の姿を先に見られシュッ！ と走られてしまうこともしばしば。抜き足差し足で忍び寄り、大きな動きをせずに細心の注意で仕掛けを投入する。段々瀬はピンスポットを確実に、トロや小さな淵は見える魚に注意しながら臨みたい。

盛期に注意すべきことの1つに虫対策がある。例年7月も暑くなってくるとアブが出始め、日に日に数を増し、8月は車の周りに群がって飛び回り、車を降りて準備するのも躊躇《ちゅうちょ》するほど。夏はこのアブの猛攻を気にせず沢に入れる人だけが、美しい魚たちに出会えるのだ。

それともう1つ、冒頭にも記したがここはマタギで有名な地域。ツキノワグマの生息が多く、対策としてクマよけの鈴やラジオ、撃退スプレー等を携行していただきたい。

この沢は入川場所が少ない。一旦川に下りれば長い遡行になってしまうため、充分な装備と体力で注意しながら楽しんでほしい。そして無事釣行が終了し帰りの際は、打当温泉マタギの湯に立ち寄ってもらいたい。打当内沢の景観と美しい魚の姿を思い返しながら温泉に浸かれば、後は何もいうことなし！

釣り人なら誰しも釣果を期待しがちだが、大自然の中の釣り場は、そこに立っているだけで身も心も癒《いや》される。そんな自然に溶け込み、風の音や流れる水の音の中、まるで忍者のごとく身を隠し、1尾の魚と対峙する面白さがこの打当内沢にある。

（九嶋）

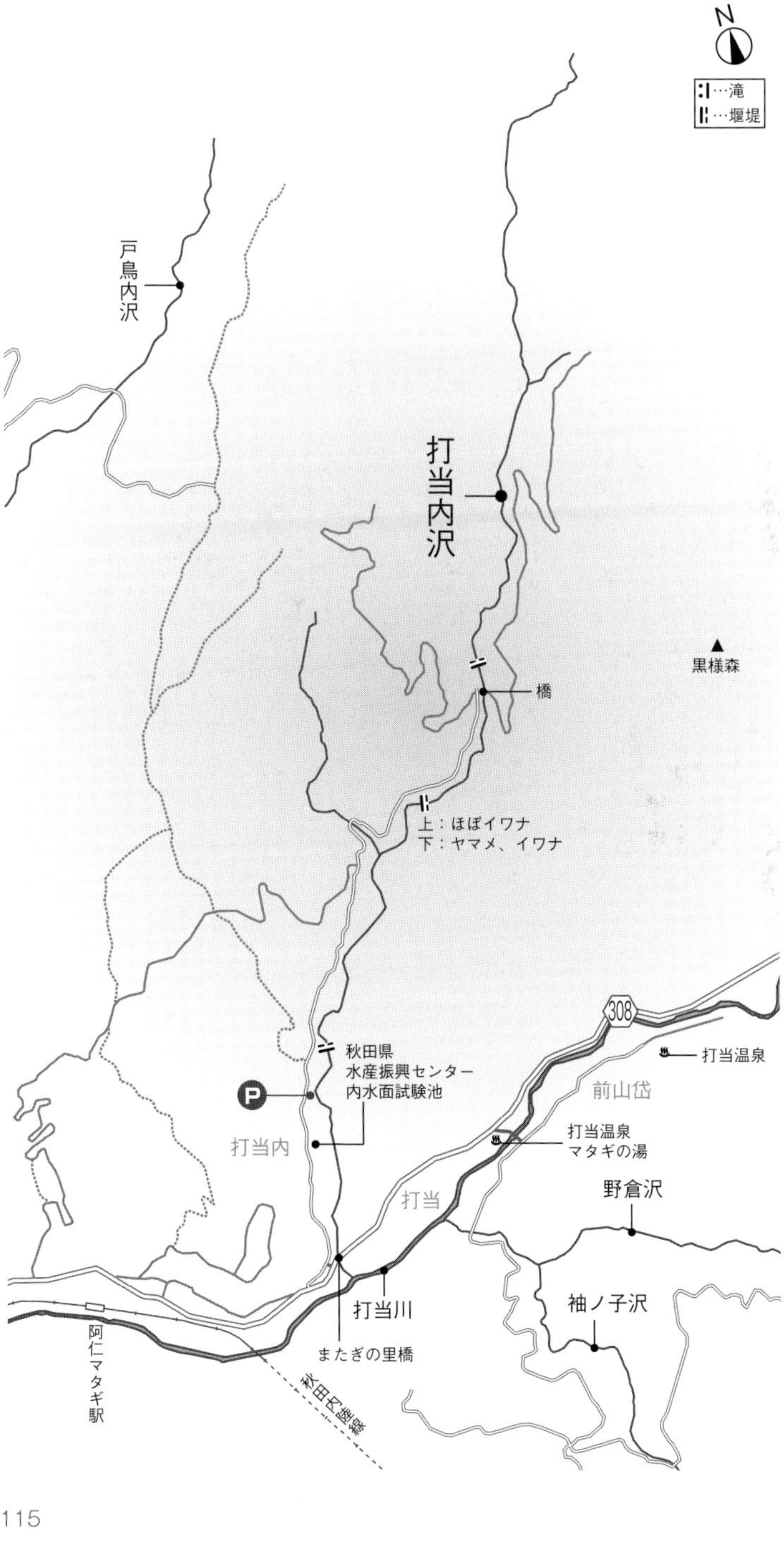

第二堰堤上流の流れ。尺ヤマメがねらえるポイントだ

米代川水系
早口川支流

薄《うすいち》市沢

白神山地に発する小規模ながら変化に富む好渓
接近注意！　フラットな流れに尺上が浮いていることも

第一堰堤上流の渓相。比較的開けた流れに大岩が点在する

薄市沢は大館市（旧田代町）北端の青森、秋田の県境近くに位置し、白神山地に属する田代岳を源頭に、大館市高岨《こうそ》地区で早口川へ合流する。早口川は、アユ、イワナ、ヤマメの釣り場として有名だが、その早口川と上流域で合流する薄市沢は、イワナとヤマメが混生している。ヤマメはパーマークがはっきりと出た、優しい面持ちのきれいな魚体が魅力で釣り人を魅了する。一方、イワナはまさに天然イ

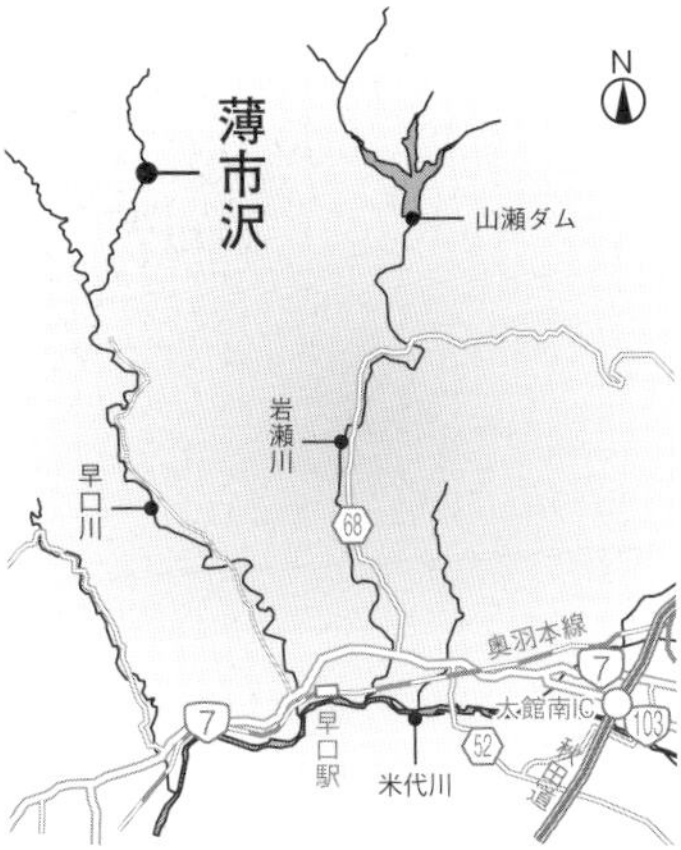

information

●河川名　米代川水系
早口川支流薄市沢
●釣り場位置　秋田県大館市
●主な対象魚　イワナ、ヤマメ
●解禁期間　4月1日〜9月20日
●遊漁料　日釣券1000円・
年券5000円
●管轄漁協　田代漁業協同組合
（Tel0186-54-2317）
●最寄の遊漁券発売所　ローソン大館川口店（Tel0186-49-0873）、オガサタ商店（Tel0186-54-2055）
●交通　秋田自動車道・大館南ICを降り国道103、7号を経由して奥羽本線・早口駅先を右折して渓へ

ワナといった腹部のオレンジ色が鮮やかな魚体と強い引きが特徴となっている。
　流程は決して長くはないが、落ち込み、淵、流れ込みなど、さまざまなポイントが存在し、釣り人を引き付けてやまない沢である。

●堰堤間ごとに特徴のある釣り場

　薄市沢には大きく3つの堰堤がある。早口川合流点から第一堰堤までは、比較的開けた渓相で、入渓点が分かりやすいことから釣り方を問わず人気が高い区間。アクセスも容易で解禁当初から入渓者が多い。最後の集落（中谷地）を過ぎると、比較的開けた渓相の中に徐々に大岩が見え始める。ところどころ水深のあるポイントでは魚影を確認でき、尺上もいるので油断禁物である。対象魚は主にヤマメでときおりイワナも混じる。

　第一堰堤から上流はイワナとヤマメの混生。その日の状況によって一方だけがよく釣れるなど、釣果に偏りが出ることがある。したがって、その時の傾向をいち早く感じ取ることで釣果が変わってく

第一堰堤と第二堰堤の中間にある橋から下流を望む。水深のあるポイントでは魚影を確認できる

る気がしている。

この堰堤から上流に向かう際、林の中を通ることになるが、解禁当初は林道に雪が残り、車両の通行が困難な場合がある。そうなると徒歩でポイントまで向かうしかないが、この時期は川の両岸にも雪が残り雪庇《せっぴ》となっていることがあり、危険を伴うので上流への釣行はあまりお勧めできない。

第一堰堤から第二堰堤までの区間は道路から川までの高低差が大きく、入渓点は限られている。開けたポイントもあれば、木が覆い被さったようなポイントもあり、変化に富んだ流れを楽しむことができる。フラットな流れのポイントには魚が浮いていることも多く、サイトフィッシングも可能だ。ただ、シーズンも後半になるとちょっとした動きでこちらの気配を感じ取り、岩陰に隠れるようになるので慎重なアプローチが必要。大場所もところどころにあるため、時間をかけてゆっくりとねらいたい区間である。

第二堰堤から第三堰堤までの区間は大岩がごろごろし始め、山岳渓流の様相と

第二堰堤から上流700mの流れを望む。道路と川の高低差が少なく入退渓も容易だ

第二堰堤の1㎞上流の流れ。大きなプールでは大型の魚影も確認できる

なってくる。ポイントの大小を問わず、だいたい魚が入っているため、数釣りを楽しめる。ただし、この区間は道路と川の高低差が少なく入退渓が楽なことと、比較的開けていてサオを振りやすいため入渓者が多く、場荒れは早い。そんな中でも尺を超える魚体を確認できることもあり、この沢の底力を感じてしまう。

第三堰堤から上流は、まさに山岳渓流といった渓相となる。釣果も大事かもしれないが、この区間の渓相は険しさの中にも美しさを感じられ、ここでゆっくりとサオを振っていると日ごろの疲れが吹き飛ぶ。この区間も流れの上は比較的開けているのでサオが振りやすく、入退渓も楽なことから訪れる人は多い。

林道の車止には山小屋があり、私の場合、おおむねその区間まで釣行することが多い。さらに上流にも魚影は確認できるが、種の保存のためにもサオをださないようにしている。

●5～6月は「たけのこ」もお勧め

薄市沢源頭にある田代岳は「たけの

第二堰堤最上流の渓相。大岩がごろごろする山岳渓流の様相だ

腹部のオレンジ色が鮮やかな天然イワナと出会える

こ」（ネマガリダケ）の有名な産地でもあり、せっかくこの地域を訪れるならぜひとも味わって頂きたい。ここで採れるものは、雪の下でじっくりと育ち、柔らかく、えぐみが少ないのが特徴で、毎年多くのたけのこファンが訪れる。例年5月中旬から6月中旬までがシーズンで、この時期は麓の「たけのこ館」で生のたけのこを購入できる。値段は決して安くはないが、このたけのこをふんだんに使

った「たけのこ汁」は格別で、何杯でもいけてしまうほど病み付きになる。シーズン中はたけのこ汁の販売も行なっている。日中にたけのこ汁を味わい、お腹を満たして、夕マヅメの大ものねらいに懸けてみるのも面白い。

近年、クマに襲われたというニュースが増加しているが、薄市沢には数箇所クマの通り道がある。釣行の際はクマ避けの鈴やクマスプレーがあると心強いかもしれない。

最後に、薄市沢は決して大きな沢ではなく、大雨の時は一気に増水することがあるため、天候が悪い日には無理は禁物である。また、多くの渓魚の中には小さい魚体も混じるため、小型魚はリリースして頂くなど、末永く釣りを楽しむためにご協力をお願いしたい。（小笠原）

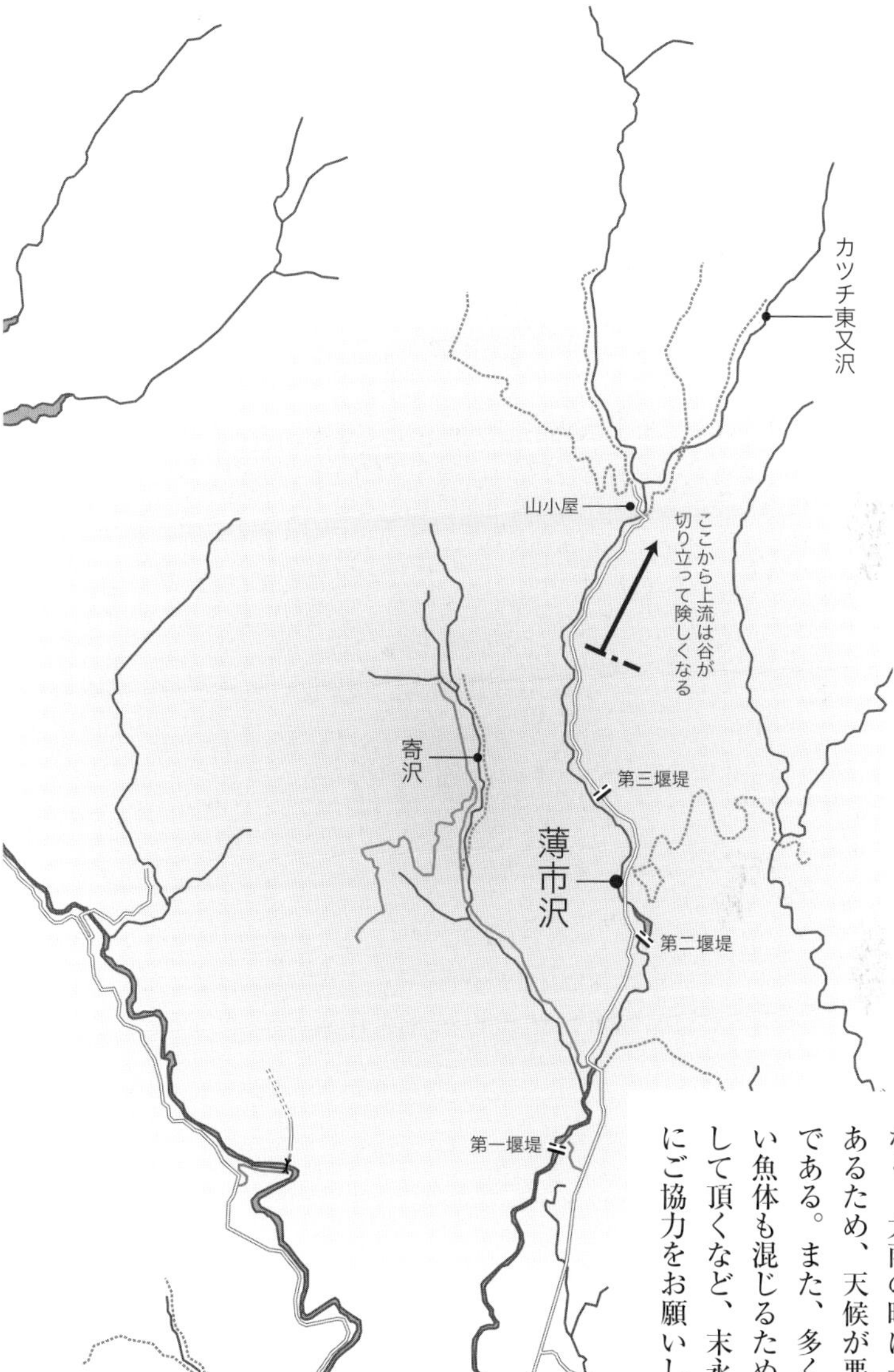

米代川水系

長《なが》木《き》川

フラットで穏やかな渓相の里川
フライやルアーフィッシングにお勧めの流れ

中滝橋上流の流れを望む。川幅が狭まりブッシュも増えるが楽に入渓できる

下流の茂内地区の流れ。なだらかな流れが続く。フライやルアー向きだ

秋田犬や比内地鶏、曲げわっぱで有名な大館市の中心部を流れる長木川。市民には白鳥の飛来地として親しまれ、河川公園は憩いの場だ。長木川の水源は、青森県との県境の炭塚森《すみづか》（592m）をはじめとする500m級の山々。中下流域は里川らしく、上流域も穏やかな流れをみせる。夏は水量が少なく、雨後がねら

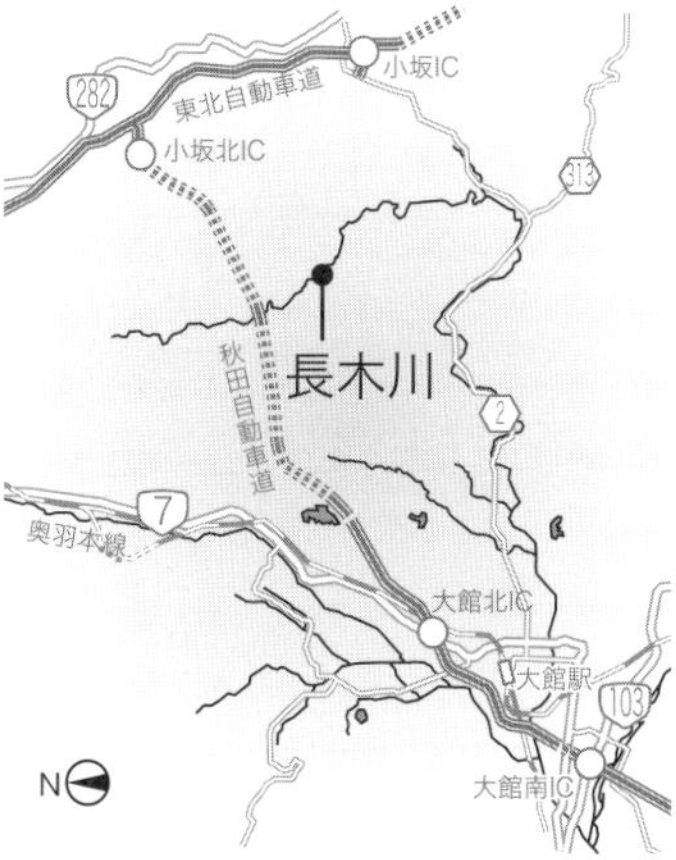

information

●河川名　米代川水系長木川
●釣り場位置　秋田県大館市
●主な対象魚　イワナ、ヤマメ、サクラマス、ニジマス
●解禁期間　4月1日～9月20日（サクラマスは8月31日まで）
●遊漁料　日釣券500円（サクラマスは3500円）・年券3000円
●管轄漁協　大館市漁業協同組合（Tel0186-50-2624）
●最寄の遊漁券発売所　渡正釣具店（Tel0186-42-0756）
●交通　東北自動車道・小坂ICを降り県道2号を大館方面へ進むか、秋田自動車道・大館南ICを降り国道103号、県道102号、国道7号経由で県道2号に入り釣り場へ

いめ。

米代川合流から茂内地区・樹海ラインの一ノ渡橋までは、サクラマス、アユ、ヤマメ、イワナがねらえる。そこから上流の中流域・雪沢地区まではアユ、ヤマメ、イワナ、さらに上流域はイワナ、ヤマメの釣り場だ。

●流れのくぼみやえぐれに魚が付く

市内を流れる下流部のなだらかな本流の瀬では、小型だが解禁当初からドライフライのミッジでヤマメがねらえる。またルアーで大型のブラウンやニジマス、イワナの実績もある（マス釣り大会等の魚の残りかも）。この区間は川通しで釣り上がるよりも、ポイントごとに探って移動する感じになる。

茂内地区の一ノ渡橋を過ぎると川相がガラッと変わり、道路が高く渓谷になる。小砂利底の流れには岩盤や岩が点在し始め、流速がある場所はヤマメの好ポイントを形成する。特に大明神地区の名もない白い橋から新沢地区は本流ヤ

大明神橋より上流を望む。中下流域は里川の流れを見せる

ふたつや橋より下流の流れ。ヤマメ、イワナが混生で楽しめる

マメが期待できる。岩盤底にはくぼみが形成され、魚の付くポイント。また柳の下も見逃せない。

この区間は、フライでもルアーでも楽しめる。ただし前記した岩盤のえぐれがいたるところにあり、しかも深いので、濁り時やイブニングなどは特に気を付けたい。民家に近く、駐車も農作業の妨げにならないように注意が必要だ。

雪沢地区から上流は道路と川に高低差がある。石渕地区の小さな橋、上流・二ッ屋地区の名もない小さな橋からは高低差がなく入れる。さらに上流の石渕橋からまた道が高くなり始めるが入渓可能。ここから上流の二ッ屋地区の入口の橋までは入退渓しやすく、ヤマメの好ポイントが続く。ナメ底がメインで、えぐれの緩流帯と岸際に魚が付いている。石渕橋の上流の瀬は良型ヤマメの実績があり、ていねいに探りたい。

●狭い流れとイワナ中心の上流部

次の区間は支根刈沢の出合から上流に鳥居があり、川まで降りられる場所があ

下流域でも良
型のイワナが
食ってくる清
冽な流れを維
持している

中滝橋より下流を望む。開けて川幅もありフライに
おすすめだ

宮袋新橋より上流の渓相。小砂利底の流れには岩盤や
岩が点在する

最上流部となる高橋より下流を望む。3mほどまで川幅も狭まる

上流域までヤマメが掛かってくる

るが、私有地らしく駐車は気を付けたい。この上流約300mに堰堤があり、その間は淵と瀬の複合するヤマメ中心の釣り場。堰堤から上流は急に谷が狭くなり、無理して巻かずに戻ることをお勧めする。

さらに上流、秋田自動車道手前の二段堰堤以遠は、開けて川幅もあり平坦で岩が点在するなど、フライにお勧めの区間。道路も高低差があまりなく入退渓も楽。魚はイワナが多くなる。

七滝を過ぎると流れが3本に分かれ、支流の2本は釣りに向かない細流。中滝橋以遠は、少しの間は岩盤のナメでイワナがメイン。徐々に岩が多くなり、川幅も3mくらいでブッシュも増え、型も伸びないが楽に入渓出来る区間。ここから上流に高橋があり、右が主流。さらに上流まで狭い林道が付いているが、フライではこの辺りまでだろうか。

最後に、下流域以外は駐車に配慮が必要。農林業の方の妨げにならないように配慮したい。またクマとの遭遇も非常に多い。クマ避け鈴やクマスプレーなどの携帯をお勧めする。

（佐藤　渉）

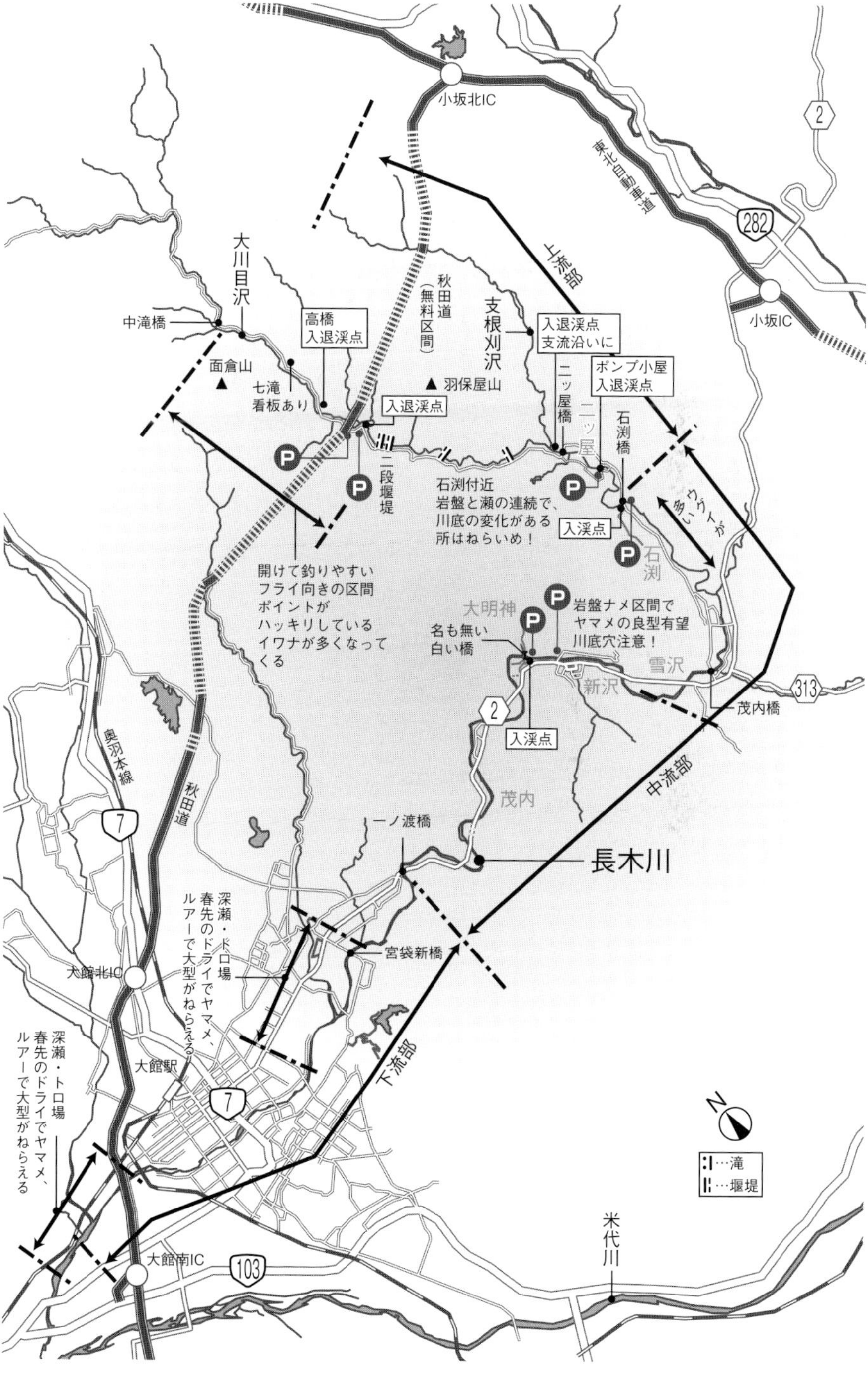
小坂北IC
2
東北自動車道
282
小坂IC
上流部
大川目沢
中滝橋
面倉山
七滝
看板あり
高橋
入退渓点
秋田道
（無料区間）
支根刈沢
入退渓点
支流沿いに
ポンプ小屋
入退渓点
羽保屋山
入退渓点
二ッ屋橋
二ッ屋
石渕橋
二段堰堤
石渕付近
岩盤と瀬の連続で、
川底の変化がある
所はねらいめ！
入渓点
ウグイが多い
石渕
開けて釣りやすい
フライ向きの区間
ポイントが
ハッキリしている
イワナが多くなって
くる
大明神
岩盤ナメ区間で
ヤマメの良型有望
川底穴注意！
名も無い
白い橋
雪沢
新沢
313
茂内橋
2
入渓点
中流部
茂内
奥羽本線
秋田道
7
一ノ渡橋
長木川
深瀬・トロ場
春先のドライでヤマメ、
ルアーで大型がねらえる
宮袋新橋
大館北IC
下流部
深瀬・トロ場
春先のドライでヤマメ、
ルアーで大型がねらえる
大館駅
7
N
…滝
…堰堤
米代川
大館南IC
103

米代川水系
長木川支流

下《しも》内《ない》川

アシの天然植物護岸に守られた穏やかな里川 初心者でも入渓しやすい早春から夏までの釣り場

下内川は大館市の北、青森県との県境を水源に、アシの天然護岸に囲まれた川だ。国道7号に沿って流れアクセスしやすく、解禁当初から、フライでもヤマメやイワナがねらえる。

全体的に岩が少ない穏やかな里川で、両岸のアシは渓魚に格好の隠れ家を提供している。良型ヤマメがねらえ、初心者でも入渓しやすい好フィールドである。

ここでは、長木川との合流点から上流に向かって順番にポイントを紹介していきたい。

中流域となる白沢地区上流の流れを見る。岩盤、瀬、淵の入り組んだ渓相だ

●徐々に変化のある渓相に

合流点から間もない高館橋前後は解禁当初から銀毛ヤマメのライズが見られ、フライではミッジの釣りが楽しめる。新松峰橋の上流には堰堤があり、上の溜りには大きなイワナやブラウンが入ることがあり、フライやルアーでねらえるポイント。特に雨後の増水で本命ポイントがねらえない時や、雨の朝に活性が高まるチャンスがある。

松峰橋上流で花岡川と流れを分けると、川幅も狭まりポイントが明確になってくる。長面橋付近の上下に堰堤があり、前後は好ポイント。ここからしばらくは川底が小砂利で水深も浅い。ポイントはカーブや流れのヨレなどで、岸際のアシの根元に良型が潜むこともある。ていねいに探っていくとよい釣りができると思う。また、桜の時期は土手の花を見ながら穏やかに釣りを楽しめる場所でもある。

長者森橋から上流は次第に底石が岩盤

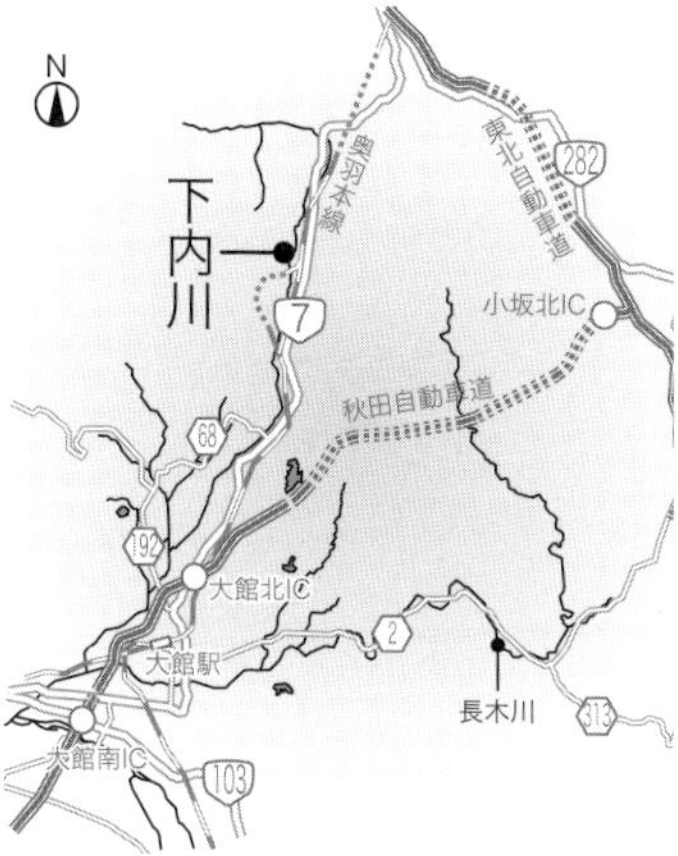

information

●河川名　米代川水系
長木川支流下内川
●釣り場位置　秋田県大館市
●主な対象魚　イワナ、ヤマメ、
サクラマス
●解禁期間　4月1日～9月20日
（サクラマスは8月31日まで）
●遊漁料　日釣券500円・
年券3000円
●管轄漁協　大館市漁業協同組合
（Tel0186-50-2624）
●最寄の遊漁券発売所
渡正釣具店
（Tel0186-42-0756）
ファミリーマート
大館住吉町店
（Tel0186-44-7222）
●交通　秋田自動車道・大館北IC降車。国道7号を北上して渓へ

に変わり、底がえぐられている場所には初期からライズも見られ良型ヤマメの期待がもてる。高さのない堰堤も数基あり、その下流もチェックしておきたい。

白沢地区付近から松原地区までは、所々深みも点在してポイントも分かりやすい。フラットな流れでも緩流帯にはよいサイズのイワナが潜んでいることもある。枝の下、岸際は要チェックだ。またヤマメは流れの筋を正確に流せるようにトライしよう。

松原地区を過ぎるとまた堰堤があり、ここから上流は小型ながらヤマメの魚影も多く、よい流れの筋には良型が付くこともある。納得のいく流し方で良型をねらおう。

長走風穴付近も瀬と淵が交互に存在するよい流れだ。ここから陣場地区までは、底石が大きくなったり、岩盤だったりと変化に富んだ渓相を見せる。国道7号と交差して上流には巻けないくらい大きな堰堤がある。

ここまでが、両岸がアシで保護されている下内川の特徴的なポイント。

下流域に架かる松峰橋付近の堰堤溜りは好ポイント

長面橋より下流を望む。川底が小砂利で水深も浅いが、岸際のアシ根元に良型が潜む

里川の風情で良型のヤマメが手にできる

長者森橋より下流の渓相。橋の上下に堰堤があり好ポイントになっている

さらに上流は岩が点在する渓相にガラッと変わるが、思ったほど魚影も多くなく、入渓点を選ぶため割愛する。

●温泉宿泊フィッシングのススメ

下内川は釣れる魚の8～9割がヤマメなので、フライや仕掛けの投入点が釣果の鍵を握る。また前記したとおり全体的にアシの川なので、広いところ以外は7月いっぱいまでが釣りやすい。真夏以降は川幅も狭まり釣り上がるには厳しい所が多い。たぶん、それがよい魚を育ててくれているのだと思う。

入渓の際は、特に田畑の近くに駐車する場合は農作業の邪魔にならないように。そして地元の方に挨拶が出来る余裕をもって臨んでほしい。クマ情報などは地元の方が一番正確なので教えて頂けるかもしれない。

最後に、秋田は温泉が有名で、下内川付近では日景温泉や矢立温泉もお勧め。温泉に泊まって比内地鶏を肴に地酒で一杯も乙なもの。そんな里川のんびり釣り旅行はいかがだろうか。（佐藤　渉）

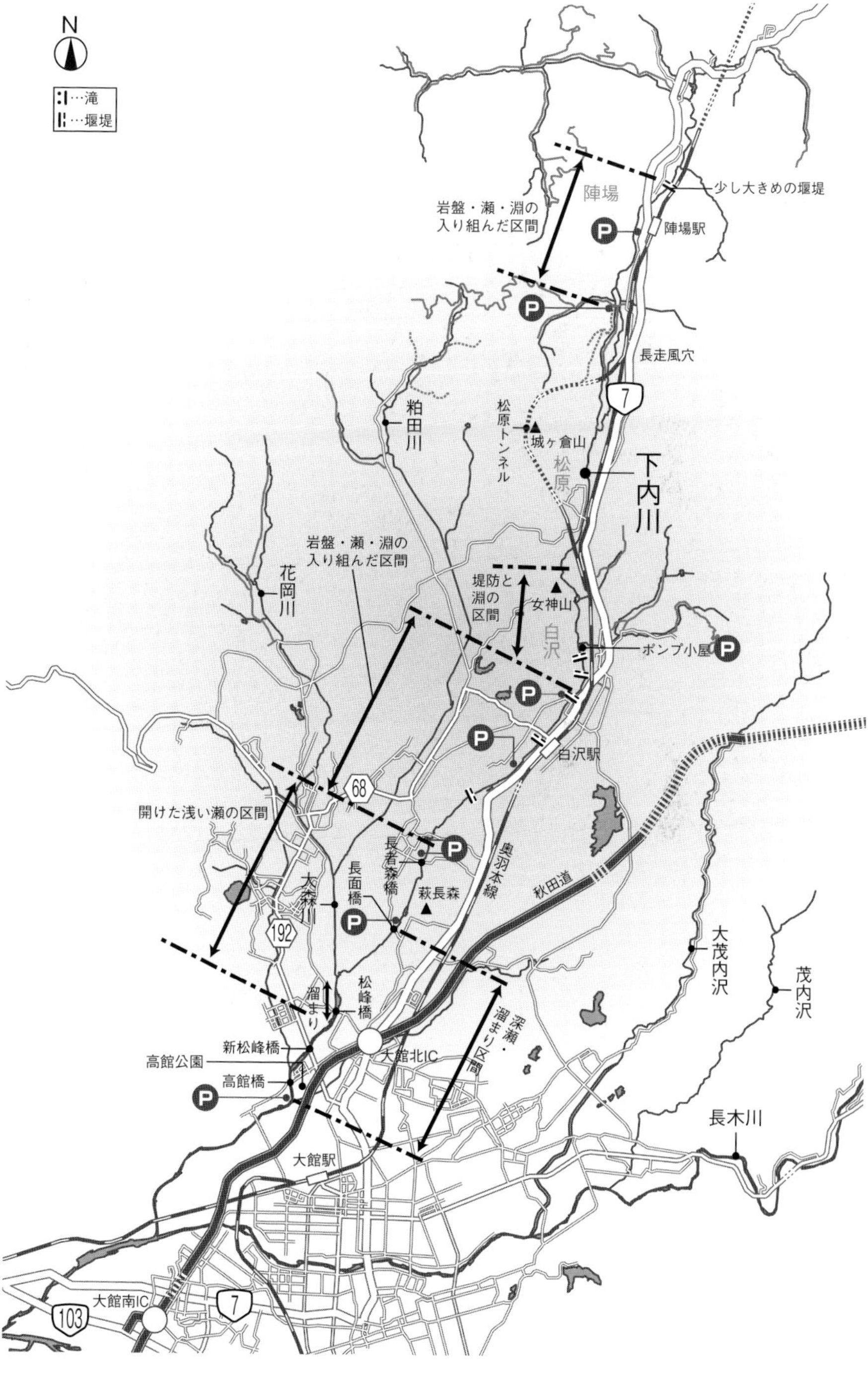
N
…滝
…堰堤
少し大きめの堰堤
陣場
陣場駅
岩盤・瀬・淵の
入り組んだ区間
長走風穴
7
松原トンネル
城ヶ倉山
松原
下内川
粕田川
花岡川
岩盤・瀬・淵の
入り組んだ区間
堤防と
淵の
区間
女神山
白沢
ポンプ小屋
白沢駅
68
開けた浅い瀬の区間
長者森橋
長面橋
大森川
萩長森
奥羽本線
秋田道
192
溜まり
松峰橋
深瀬・溜まり区間
大茂内沢
茂内沢
新松峰橋
高館公園
高館橋
大館北IC
長木川
大館駅
大館南IC
103
7

熊沢川《くまざわ》

初心者でも入渓しやすく開けたフライ向きの川
「熊」と名の付く「クマ密」な地域。対策は怠りなく

東北でも5本指に入る大河、米代川は水源を岩手県に持ちながら唯一日本海に注ぐ川である。河口から流れを辿ると能代市、北秋田市、大館市、鹿角《かづの》市を経て岩手県へと至る。この鹿角市で、鹿角八幡平の焼山や三ツ又森を水源とする熊沢川が合流する。

熊沢川は、鹿角八幡平で有名な大沼、後生掛《ごしょうがけ》、大深、蒸ノ湯《ふけのゆ》温泉地からの支流があるため、その影響か水の色が白っぽいのが特徴だ。また、発電用の取水により水量が安定・渇水する区間がある。今回は水量の安定する下流部と中流部をメインに説明したい。国道341号が川沿いに走るこの区間は、初心者でも比較的入退渓がしやすい。

根瀬橋上流２つめの堰堤上流の渓相。放水口までの間の瀬を望む

●米代川合流付近～第3堰堤

メインエリアで掛かった幅広ヤマメ。美しい魚体をしている

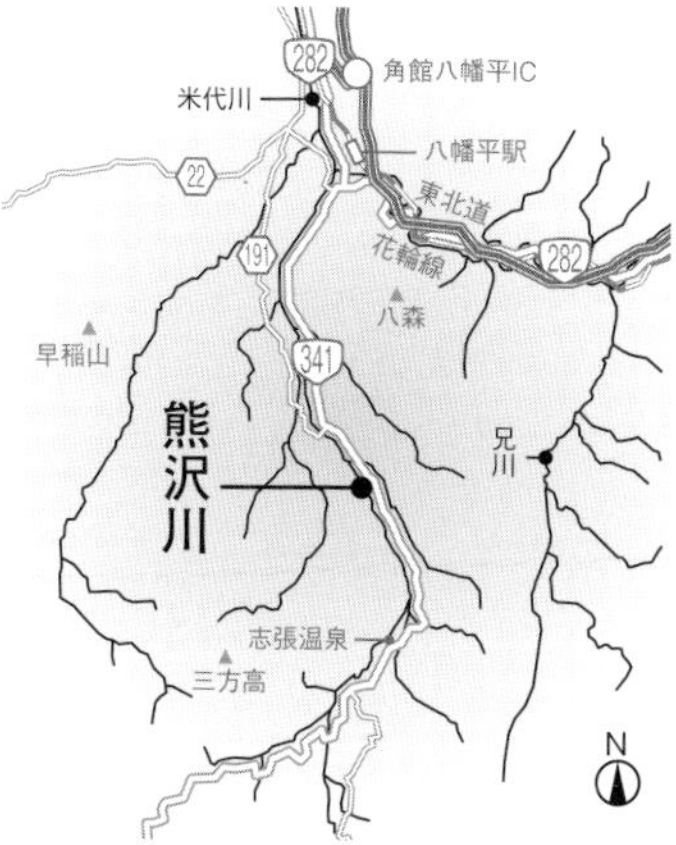

information

●河川名　米代川水系熊沢川
●釣り場位置　秋田県鹿角市
●主な対象魚　イワナ、ヤマメ、サクラマス
●解禁期間　4月1日～9月20日（サクラマスは8月31日まで）
●遊漁料　日釣券1000円（サクラマス3500円）・年券5000円
●管轄漁協　鹿角市河川漁業協同組合（Tel0186-35-2622）
●最寄の遊漁券発売所　セブンイレブン鹿角八幡平店（Tel0186-22-2155）、両国ドライブイン（Tel0186-32-2273）
●交通　東北自動車道・角館八幡平IC降車。国道282、341号を南下して渓へ

岩手方面に向かう国道282号と、玉川温泉へ向かう国道341号の分岐の近く、米代川合流点からすぐポイントとなる。永田地区の放水口までは水量が安定している。この辺りは開けた2面護岸の河原で、膝～腰前後の深さの平瀬に少ない淵が複合する。全体的に、釣り上がるよりもポイントを絞って入ると効率がよい。また堰堤が4基あり、合流から第1、2堰堤の下は水量次第で魚が付く。平瀬も流れが合流する筋の部分は魚の定位するポイントになっているので、何度かトレースするようにしよう。

第1堰堤と第2堰堤の中間に1箇所深い淵があり、ここには良型が潜んでいる時がある。ただ数は見込めないので一発ねらいと考えたい。

第2堰堤の上に白い橋があり、上流100m右岸の少し水深がある瀬と、さらに上流の夏井川が合流する第3堰堤下はそれぞれポイント。

放水口から上流は極端に水量が減る区間がしばらく続く。魚がいないわけではないが魚影は少なく割愛す

米代川合流付近の流れ。瀬に少ない淵が複合する渓相を見せる

下流部にある放水口上流・永田地区に架かる橋付近の流れを見る

る。この区間の対象魚はヤマメを中心にイワナ（アメマス）、サクラマス、まれにニジマスが釣れる場合がある。

●根瀬橋以遠

根瀬橋付近まで来ると、底石の大きさもほどよくなってくる。入渓は橋下流の護岸から楽にできる。ここから約1㎞上流の発電所放水口までが一番よい区間といえる。橋の上流堰堤で取水している時は渇水しているが、流れが通常どおりある場合は橋からねらいめとなる。300mくらい上流に小さめの堰堤があり、さらに次の堰堤までの約300mは溜まりに良型が定位している場合があり、フライではサイトフィッシングを楽しめる。流れや底石を読み、探ってみてほしい。ここもヤマメがメインなので、きっちりフィーディングレーンを流さないとよい釣果は見込めない。川幅が広いのでキャスティング練習にももってこいのポイントだ。

上流の堰堤から放水口までは常時水量があるため、魚影も多く楽しめる核心部。

根瀬橋から上流を見る。川幅も広がり
底石の大きさもほどよくなってくる

ヤマメに混じってイワナの
釣果も期待できる

玉石の入った押しの強い広い瀬に付いている魚の引きは強烈だ。

放水口を過ぎるとまた減水するため、一度退渓して蛇沢地区まで移動。墓地付近の路側帯に駐車し、蛇沢バス停付近からか、下流の民家のはずれ付近だと護岸がなく安易に入渓できる。ここから、熊沢地区の名もない白い橋の上流で水沢川が合流する付近までが少し水量のある区間。ポイントにはそこそこのヤマメが付いている。ただし大きなウグイも多いので見極めが大事だ。私は以前イブニングライズねらいでスノーシェッドの横にある淵で、最初のライズを取れず、繰り返されるライズに翻弄《ほんろう》され、暗くなりかけた最後にヒット、正体が泣き尺ウグイだったなんてこともあった。1投目のアタリは大事に取ろう。しかし、幅広ヤマメもいるのは事実なので観察を怠らないように。

ここから上流約3㎞の坂比平地区に無名の白い橋があり、付近はほどよい大きさの岩の河原で歩きやすいが渇水区間。時折ヤマメ交じりでイワナが顔を出すく

熊沢地区の水沢川合流点上流の渓相。大きなウグイも掛かってくるので注意

山口造林入口の橋から上流を望む。支流の江戸川が分かれる

らいだ。この橋から上流に山口造林へ渡る無名の橋がある。この橋の上流で支流の江戸川が分かれ、合流点から上流はさらに水量がないので、釣りはこのへんまでにしておくのがよいだろう。この辺り自体もメインの釣り場というよりも、逃げ場として考えたほうがよいだろう。

最後に、川の名前に「熊」が付いていることから連想するように、周辺はクマの出没が非常に多い。また過去には上流のクマ牧場で事故が起きた事例もあって今回は里側を紹介したが、里のほうだからといって安心せず、クマ対策はしておきたい。玉川温泉や八幡平など観光地であることから車や人慣れしたクマが多く、またこの辺のクマはクマ除け鈴が効かない、いやむしろ「付けないほうよい」という人もいる。万が一の遭遇に備えてクマスプレーも持参したほうが賢明かと思う。

鹿角市は、特産の桃や林檎のほか、きりたんぽの発祥地であり、鹿角ホルモンも有名。名湯の温泉と一緒に楽しまれるのもよいだろう。

（佐藤　渉）

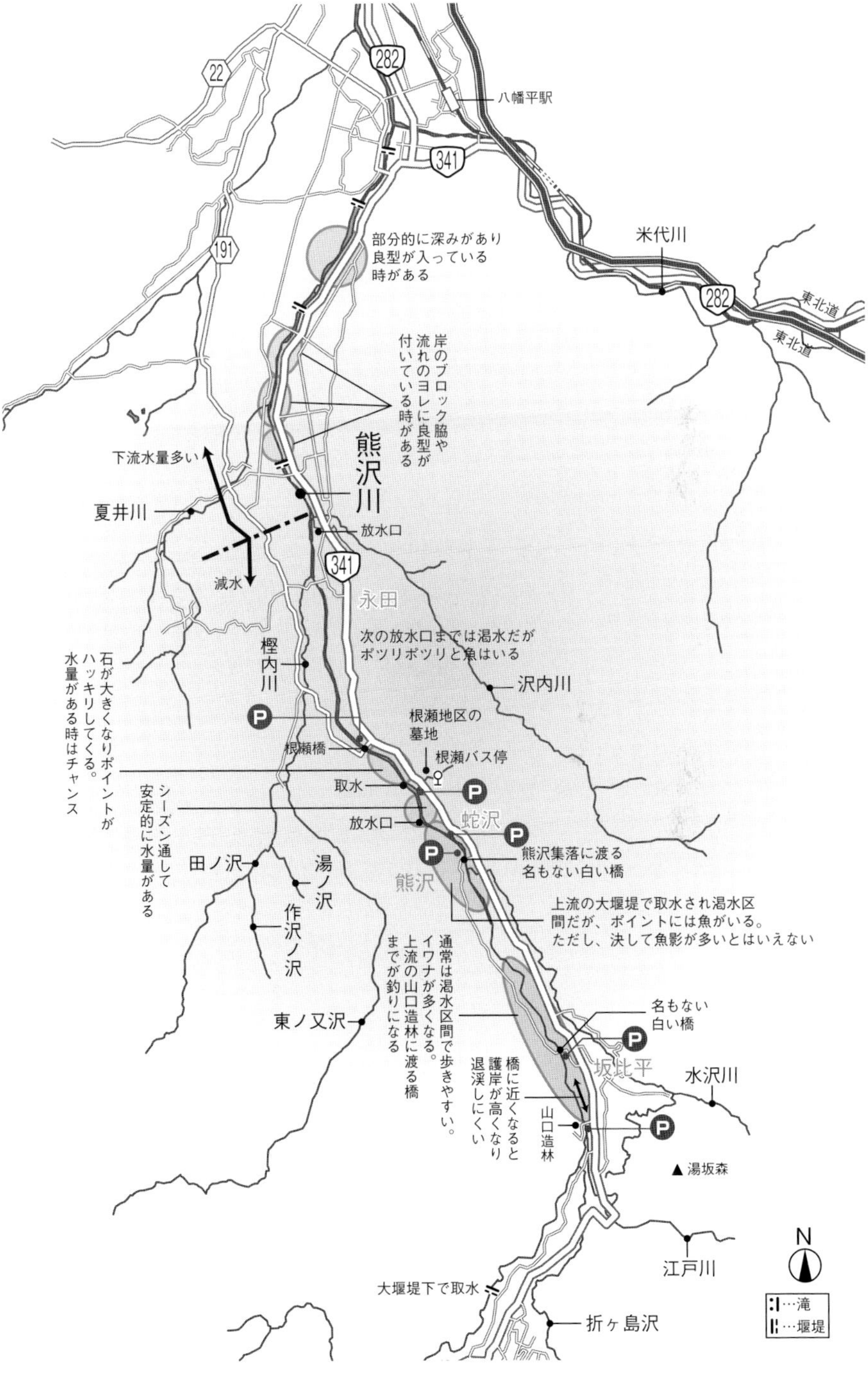
282
22
八幡平駅
341
191
部分的に深みがあり
良型が入っている
時がある
米代川
282
東北道
東北道
岸のブロック脇や
流れのヨレに良型が
付いている時がある
熊沢川
下流水量多い
夏井川
放水口
341
減水
永田
次の放水口までは渇水だが
ポツリポツリと魚はいる
樫内川
沢内川
石が大きくなりポイントが
ハッキリしてくる。
水量がある時はチャンス
P
根瀬地区の
墓地
根瀬橋
根瀬バス停
取水
P
シーズン通して
安定的に水量がある
放水口
蛇沢
P
P
熊沢集落に渡る
名もない白い橋
田ノ沢
湯ノ沢
熊沢
上流の大堰堤で取水され渇水区
間だが、ポイントには魚がいる。
ただし、決して魚影が多いとはいえない
作沢ノ沢
通常は渇水区間で歩きやすい。
イワナが多くなる。
上流の山口造林に渡る橋
までが釣りになる
東ノ又沢
名もない
白い橋
P
坂比平
水沢川
橋に近くなると
護岸が高くなり
退渓しにくい
山口造林
P
▲湯坂森
N
江戸川
大堰堤下で取水
折ヶ島沢
…滝
…堰堤

単独河川

真《ま》瀬《せ》川

白神山地に水源をもつ秋田最北の独立河川
海が見えるほどの近さから渓流釣りが楽しめる

秋田県最北の独立河川である真瀬川は、白神山地の真瀬岳や二ッ森の1000m級の山々を水源とし、シーズンを通して楽しめる水量の安定した川だ。白神山地の登山口もあり、道路は舗装整備されており、中流域まではアクセスも容易。また下流部には大岩や奇岩から成る渓谷・三十釜が観光名所として親しまれている。

上流部となる一ノ又沢・登山口に架かる橋より下流の流れを望む

さらに、真瀬川が注ぐ日本海の八森地区で捕れるハタハタは秋田の県魚であり、「秋田音頭」に歌われるほど有名だ。

真瀬川は、海のすぐ近くから渓流相となりイワナ、ヤマメ、アユなどの清流・渓流魚が釣れる珍しい特徴の川でもある。また近年4月1日渓流釣り解禁の河川が多い秋田県内において、数少ない3月21日解禁であり、雪代前の早春の釣りを楽しめる。

上流の一ノ又沢と三ノ又沢に分かれる辺りまで左岸沿いに道路が整備されているため、本項では左岸からのアプローチを中心に本流筋と一ノ又沢を解説したい。

海のすぐ近くから渓流相となりイワナ、ヤマメが手にできる

●下流エリア

国道101号から三十釜までを下流エリアとして、この区間は、ゆっくり釣って半日コース。瀬が続く流れで、瀬のヨ

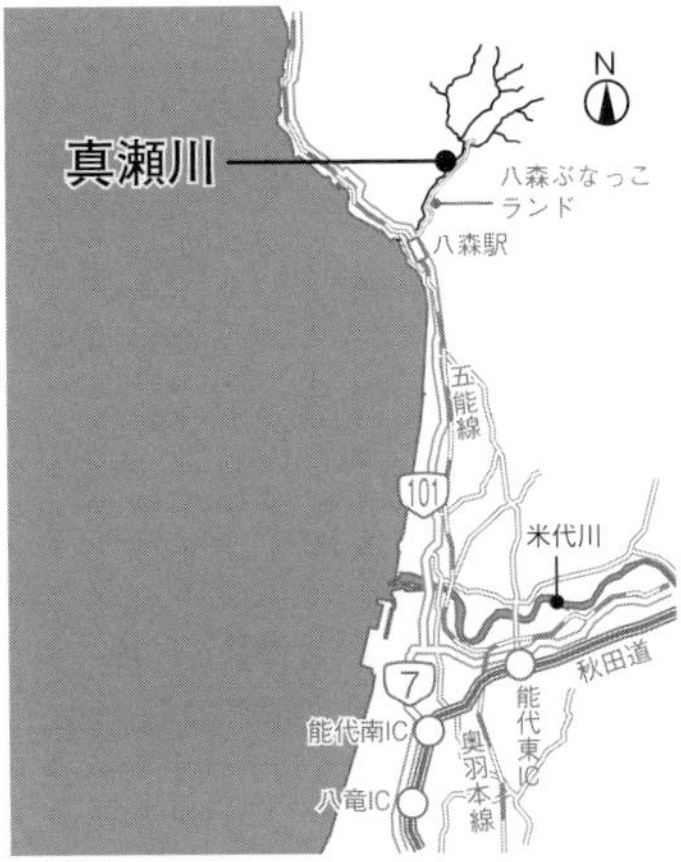

information

●河川名　真瀬川
●釣り場位置　秋田県山本郡八峰町
●主な対象魚　イワナ、ヤマメ、サクラマス、アメマス
●解禁期間　3月21日～9月20日
●遊漁料　日釣券1500円・年券8000円
●管轄漁協　八峰町真瀬川漁業協同組合（Tel0185-77-2673）
●最寄の遊漁券発売所　八森ぶなっこランド（Tel0185-77-3086）
●交通　秋田自動車道・能代南ICを降り国道7、101号で五能線・八森駅を過ぎて右折し渓へ

レからはよい型のヤマメが飛び出す。農道から入渓できるので、水量や天候を見ながら入渓点を決めるとよい。いうまでもなく、農作業の妨げにならないように。近くに農作業中の方がいる時は、挨拶をして確認するくらいの余裕を持ちたいものだ。

　三十釜を過ぎると紅葉橋が現われ、約700mくらいの所に1基、さらに上流にもう1基堰堤がある。この辺りは水量が安定しておりイワナも出始める。車が入れるようなスロープもあるので入渓点は分かりやすい。紅葉橋～白神大橋間は右岸の林道からもアプローチができるが、林の中に私有地があり、トラブルを避けるため立ち入らないようにしたい。特に春先の山菜シーズンは注意したい。

●一ノ又沢

　白神大橋付近から流れは一ノ又沢と三ノ又沢に分かれる（なお中ノ又沢は禁漁）。一ノ又沢は、白神大橋から約100m上流にある、かつての道路跡から入渓できる。上流200mに堰堤があ

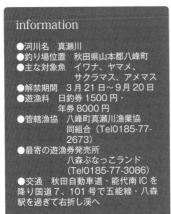

中流域の流れ。水量が安定しておりイワナが混じるようになる

下流の渓相。瀬が続く流れで季節になれば良型のヤマメが期待できる

廃墟前の流れ。フラットな流れへと変化する

一ノ又沢の最終堰堤上流の渓相。瀬と落ち込みが連続してポイントも多くなる

り、そこまでの釣りとなる。堰堤上はすぐには入渓しづらいが、上流300mくらいのところに駐車帯があり、この辺から入渓しやすくなる。川幅は2～3m、ここから上流は最初は淵もあるが、徐々に瀬と落ち込みが連続してポイントも多くなる。よい落ち込みでは良型イワナとヤマメが交互に釣れる。廃墟の辺りまで釣り上がると落差も少なくなり、フラットな流れが続く。浅瀬にはよいサイズのイワナが休んでいる時があるので、注意して釣り上がりたい。

登山道に沿って流れる支流の合流点付近も有望である。ここから上流の一ノ又沢は林道が砂利道となり、流れも細くなるが、イワナ、ヤマメは混生のまま。平均サイズは8寸ほど。川幅も狭くなってくるので、ロッドはフライの場合6フィート前後が使いやすい。

最後に、真瀬川は地元漁協の努力と釣り人のマナーのよさで資源が維持されていると思う。これからも釣り人がルールを守り、この状況が続くことを願う。

（佐藤　渉）

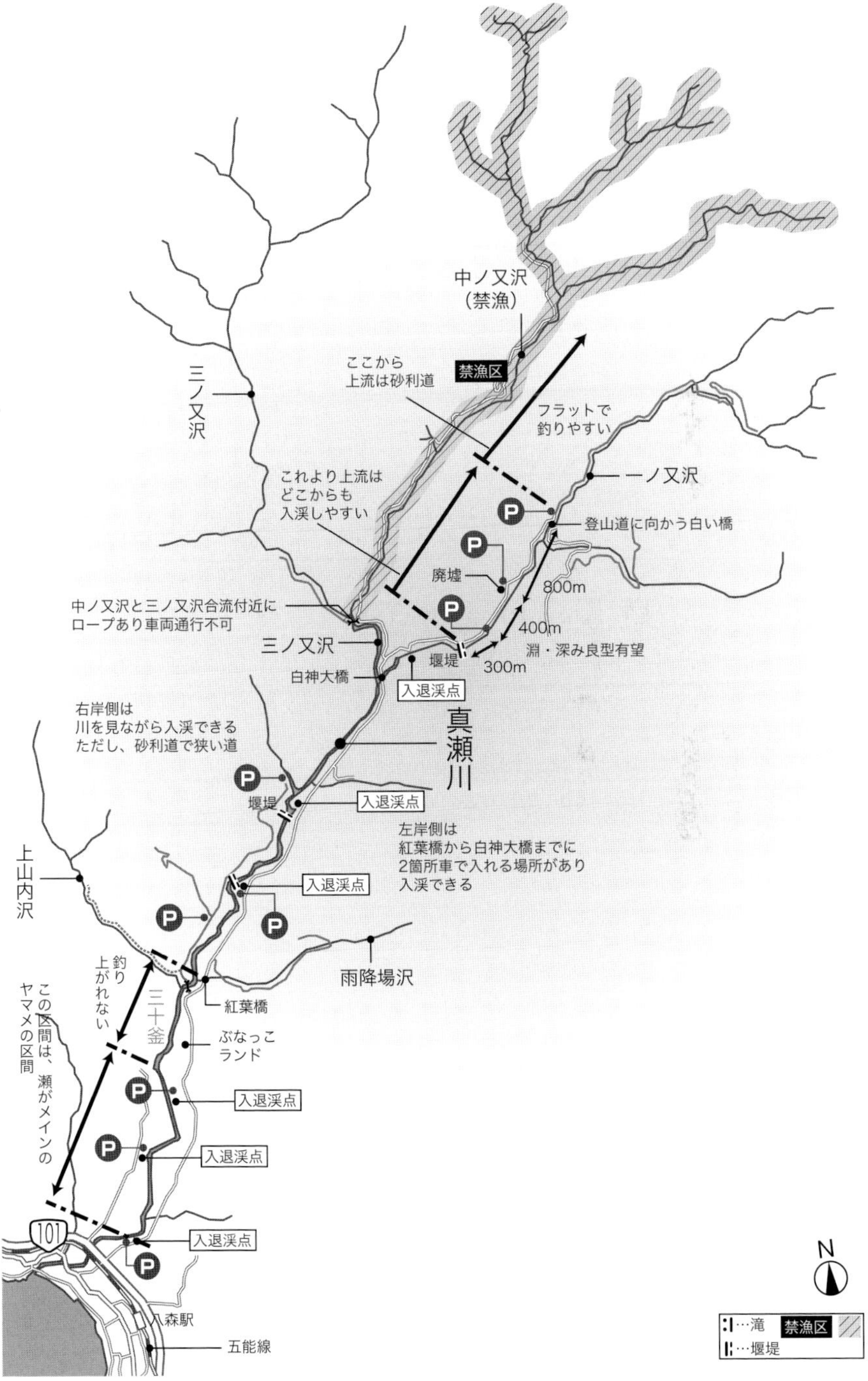

中ノ又沢
(禁漁)
禁漁区
ここから
上流は砂利道
三ノ又沢
フラットで
釣りやすい
これより上流は
どこからも
入渓しやすい
一ノ又沢
登山道に向かう白い橋
廃墟
800m
中ノ又沢と三ノ又沢合流付近に
ロープあり車両通行不可
400m
淵・深み良型有望
三ノ又沢
堰堤
300m
白神大橋
入退渓点
右岸側は
川を見ながら入渓できる
ただし、砂利道で狭い道
真瀬川
堰堤
入退渓点
左岸側は
紅葉橋から白神大橋までに
2箇所車で入れる場所があり
入渓できる
上山内沢
入退渓点
雨降場沢
釣り
上がれない
三十釜
紅葉橋
この区間は、瀬がメインの
ヤマメの区間
ぶなっこ
ランド
入退渓点
入退渓点
101
入退渓点
八森駅
五能線
N
…滝
禁漁区
…堰堤

令和版 岩手・秋田「いい川」渓流ヤマメ・イワナ釣り場

掲載河川情報一覧（2020年度）

河川名	漁協名	TEL	解禁日
●岩手県			
北本内川	和賀川淡水漁協協同組合	0197-64-7473	3月1日～9月30日
横川	西和賀淡水漁業協同組合	090-4551-8653	3月1日～9月30日
出羽沢	豊沢川漁業協同組合	090-4045-9414・佐藤	3月1日～9月30日
琴畑川	上猿ヶ石川漁業協同組合	0198-62-9800	3月1日～9月30日
岳川	稗貫川漁業協同組合	080-1651-0957	3月1日～9月30日
葛根田川	雫石川漁業協同組合	019-692-0569	3月1日～9月30日
竜川	同　上	同　上	3月1日～9月30日
気仙川	気仙川漁業協同組合	0192-46-3841	3月1日～9月30日
矢作川	同　上	同　上	3月1日～9月30日
甲子川	な　し	なし	3月1日～9月30日
鵜住居川	鵜住居川漁業協同組合	0193-28-4532	3月1日～9月30日
御山川	閉伊川漁業協同組合	0193-62-8711	3月1日～9月30日
大川	小本川漁業協同組合	0194-32-3215	3月1日～9月30日
●秋田県			
上玉田川	子吉川水系漁業協同組合	0184-23-5582	4月1日～9月20日
三内川	岩見川漁業協同組合	018-882-3734	4月1日～9月20日
桧木内川	角館漁業協同組合	0187-55-4877	4月1日～9月20日
役内川	役内・雄物川漁業協同組合	0183-52-2584	4月1日～9月20日
大旭又沢・大蓋沢	阿仁川漁業協同組合	0186-72-4540	4月1日～9月20日
小又川	同　上	同　上	4月1日～9月20日
打当川	同　上	同　上	4月1日～9月20日
戸鳥内沢	同　上	同　上	4月1日～9月20日
打当内沢	同　上	同　上	4月1日～9月20日
薄市沢	田代漁業協同組合	0186-54-2317	4月1日～9月20日
長木川	大館市漁業協同組合	0186-50-2624	4月1日～9月20日
下内川	同　上	同　上	4月1日～9月20日
熊沢川	鹿角市河川漁業協同組合	0186-35-2622	4月1日～9月20日
真瀬川	八峰町真瀬川漁業協同組合	0185-77-2673	3月21日～9月20日

●執筆者プロフィール（50音順）

浅利　浩生
学生時代からのエサ、テンカラ釣りに始まり、フライフィッシングに出会って早50年近くなった今も、渓流の釣りは楽しい。所属の秋田みなみ会ではすっかり古参となってしまったが、その年々に仲間とこの釣りに親しんできた。

石田　健司
岩手県在住。幼少の頃より釣りに親しみ、26年前よりフライフィッシングを始める。岩手県内を広く釣り歩き、渓流、海釣り、ワカサギと一年中フィールドへと通う。
釣りの喜びは釣果に比例せず、よい日も悪い日も次につなげるべし。「情報と経験の積み重ねがエキスパートへの第一歩也」。それが私の基本理念なのです。

小笠原　定也
秋田県在住。渓流釣り歴は30年以上。渓流釣りのモットーは、「出会いを大切に！何よりも楽しく！」。フライフィッシングクラブ「アーガス」会長。

九嶋　貴文
秋田県在住。秋田の自然豊かな内陸部に生まれ育ち、子どもの頃から渓流釣り（約35年）と、アユ釣りにも親しんできました。

齊藤　隆彦
岩手県在住。渓流釣り歴は33年。エサ釣りから始まりテンカラ、フライ、ルアーと一通り経験して、現在はルアーでキャッチ&リリースに努めています。孫の代になってもヤマメ、イワナ、アユが泳ぎ回る環境が存続して欲しいと願っています。River hoido（リバーホイド）所属。

佐藤　浩司
岩手県在住。渓流釣り歴約40年。フライフィッシング歴は26年ほど。flyfishing SEIGAでフライフィッシングガイドを行ない、たまにランディングネットも製作しています。モットーは、「自然を感じながらストレスのない釣りが出来ればよい」。IWATE FFC SEIGA　代表。

佐藤　敏彦
秋田県在住。渓流釣り歴は49年。フライフィッシングガイド　Bear's guide 代表。秋田県、岩手県、山形県の川を案内している。「近年の気候変動によりゲリラ豪雨等の災害で釣りも影響を受けている。無理をせず、安全を確保して楽しみましょう」

佐藤　渉
青森県在住。渓流釣り歴は48年。地元をはじめ、隣県の秋田、岩手と人と魚の出会いを求め釣り歩く。渓流釣りのモットーは、「この素晴らしいフィールドを次世代へ！」。フライフィッシングクラブ YIS 所属。

澤口　純也
岩手県在住。渓流歴25年。週末アングラーで、岩手県内のフィールドに通っている。最近はSNSで知り合ったフライフィッシャーのガイドもしている。1日釣りをして、尺1尾がモットー。SFG(sawajun fishing field guide)フライフィッシングナビゲーター。

辻　謙一
大阪府出身。フライフィッシング歴は30年。平成27年に東日本大震災復興事業に参加するため広島市より派遣以後、気仙沼市の復興事業に従事。そこで東北の自然の素晴らしさに出会う。フライフィッシングを通じで多くの人と知り合い、語らう事が至福と感じるこの頃。三陸沿岸の復興を心から願う。

仁平　勇太
岩手県在住。渓流釣り歴約25年。フライロッドメーカー「FAGUS / ファーガス」代表。渓流釣りのモットーは、とにかく楽しむ!!

根子　憲一
岩手県雫石町在住。渓流釣り歴は35年。渓流釣りのモットーは年々変化する自然を良い点も悪い点もしっかりと見つめて行きたい。雫石川漁業協同組合、TEAMスギヤ所属。

波田野　篤史
岩手県在住。渓流釣り歴は40年。渓流釣りのモットーは美味しい魚を釣り食す。GFG東北　NFS所属。

丸山　剛
神奈川県在住。渓流釣り歴は40年ほど。魚は必要以上に釣らない。泊りの釣行が好き。

令和版《れいわばん》　岩手《いわて》・秋田《あきた》「いい川《かわ》」渓流《けいりゅう》ヤマメ・イワナ釣《つ》り場《ば》
2021 年 4 月 1 日発行

編　者　つり人社書籍編集部
発行者　山根和明
発行所　株式会社つり人社

〒 101 － 8408　東京都千代田区神田神保町 1 － 30 － 13
TEL 03 － 3294 － 0781（営業部）
TEL 03 － 3294 － 0766（編集部）
印刷・製本　図書印刷株式会社

つり人社ホームページ　https://tsuribito.co.jp/
つり人オンライン https://web.tsuribito.co.jp/
釣り人道具店　http://tsuribito-dougu.com/
つり人チャンネル（You Tube）
https://www.youtube.com/channel/UCOsyeHNb_Y2VOHqEiV-6dGQ

乱丁、落丁などありましたらお取り替えいたします。

ISBN978-4-86447-367-5 C2075